RECHERCHES
SUR
LES RUINES
D'HERCULANUM.

RECHERCHES
SUR
LES RUINES
D'HERCULANUM;
ET
Sur les lumieres qui peuvent en résulter, relativement à l'état présent des Sciences & des Arts:

AVEC

UN TRAITÉ
Sur la Fabrique des Mosaïques.

Par M. FOUGEROUX DE BONDAROY, de l'Académie Royale des Sciences, de l'Institut de Bologne, de la Société Royale d'Edimbourg, &c.

A PARIS,
Chez DESAINT, Libraire, rue du Foin S.

___

M. DCC. LXX.
Avec Approbation, & Privilége du Roi.

AVANT-PROPOS.

La découverte de la ville d'Herculanum, enſevelie depuis xvij ſiécles ſous des monceaux de cendres & de laves, ne peut qu'offrir aux Voyageurs un ſpectacle bien digne d'admiration. L'habile Artiſte y retrouve des peintures & des ſculptures qui méritent toute ſon attention : celui qui a fait une étude des Arts, y voit avec ſatisfaction l'état où étoient pluſieurs Arts dans ces temps reculés; il en ſuit les progrès, & y rencontre ſouvent des perfections qui pourroient être ajoûtées à ceux de notre ſiécle; enfin, le Savant qui fait une étude de l'Hiſtoire ancienne, peut puiſer dans ce magnifique recueil d'Antiquités, des connoissances sur les mœurs & les usages, tant des habitants d'Herculanum, que de ceux des Villes voisines, qui toutes étoient habitées par une Colonie qui a eu beaucoup de relation avec les Romains.

Ces motifs ont engagé le Roi de Naples à n'épargner aucune dépense, pour faire rechercher avec exactitude les monuments précieux cachés dans ces Villes, & qui sembloient devoir rester perpétuellement aussi inconnus qu'ils l'ont été pendant une longue suite d'années. Les vues vraiment Royales du Souverain ont été fecondées par le zéle éclairé de son premier Ministre M.

AVANT-PROPOS.

le Marquis de Tanucci; on pénétre autant qu'il est possible dans les rues, les places publiques, & les maisons d'Herculanum & de Pompeii : on enléve les monceaux de cendres dont elles font remplies, & qui se font durcies avec le temps, & on en tire tout ce qui paroît mériter l'attention des Savants.

Cette collection d'Antiques, déja nombreuse, est renfermée dans les cabinets de Portici. C'est-là que le Voyageur, à quelque genre de science qu'il se soit appliqué, trouve suivant son goût, des objets qui étendent ses connoissances, & donnent lieu à ses réflexions. Aussi n'y en a-t-il point, qui, de retour dans sa patrie, ne parle avec une espece d'enthousiasme de cette heureuse découverte, & des travaux que l'on fait à Naples, pour mettre le Public savant en état de profiter des richesses qu'on puise dans ce trésor précieux.

Depuis que l'on a retrouvé Herculanum, le Public a été successivement informé des progrès de cette découverte. Plusieurs Savants Italiens ont parlé des antiquités de cette Ville; & nous avons encore été à portée de puiser des connoissances dans d'autres ouvrages de Voyageurs: *

---

* Voyez le Mémoire (de M. d'Arthenai) sur la Ville souterraine, découverte au pied du Mont-Vesuve, Paris 1748 in-8°; une dissertation en Italien, intitulée Descrizione delle prime Scoperte dell'antica città d'Ercolano dal Cavaliere Marchese de Venuti; 1749,

AVANT-PROPOS. ix

mais aucun ne pouvoit être auſſi magnifique ni auſſi inſtructif que la deſcription de ces morceaux précieux, faite à Naples par les ordres du Roi. Ce ſera long-temps, ſans contredit, la plus complete deſcription de la plus riche & de la plus belle collection d'Antiques. *

Les Peintures tirées de ces précieuſes ruines, forment pluſieurs volumes *in-folio* ; elles ont été deſſinées par d'habiles mains, & ſont

---

Venezia ; le Recueil Hiſtorique & Critique de ce qui a été publié ſur Herculanum par M. Requier en 1754 ; les Obſervations ſur les antiquités de la Ville d'Herculanum par MM. Bellicart & Cochin, 1755 ; la Traduction de la Lettre de M. Winckelmann, 1764, imprimée à Dreſde ; & les Voyageurs qui ont écrit depuis cette découverte.

* Cette deſcription eſt intitulée : Le Pitture Antiche d'Hercolano, e Contorni inciſe, con qualche ſpiegazione ; Napoli, 1757, &c. Regia Stamperia.

gravées de façon à ne rien laisser à désirer. Le Ve volume qui est le premier concernant les Bronzes, a paru en 1767.

Comme cette collection augmente tous les jours, le recueil que l'on en fait doit avoir une suite considérable. Elle s'accroîtra probablement, jusqu'à ce que l'on ait fouillé & visité toutes les ruines d'Herculanum, celles de Pompeii & de Stabiæ, qui en étoient voisins; & les environs de Baies, de Pouzzoles & de Cumes. Que de richesses, & de vraies beautés ne peut-on pas espérer de ces travaux ? Quelles connoissances utiles ne tirera-t-on pas de cet ample Recueil ?

Peu de personnes jouissent de

AVANT-PROPOS. xj

l'ouvrage dont nous venons de parler. Le Roi de Naples faisant les frais de l'Edition, ces volumes ne se vendent point. Ces motifs m'ont engagé à donner cette description; mon intention se bornant seulement à ce qui peut instruire sur l'état où étoient les Sciences & les Arts dans ces temps reculés.

Une partie de ce que je donne maintenant peut cependant être annoncé comme neuf, puisqu'il n'en a point été fait mention dans les volumes du Recueil des antiquités d'Herculanum déja imprimés à Naples; les quatre premiers ne parlant que des Peintures, & le cinquiéme des Bronzes tirés de cette ville.

Dans le voyage que je fis en Italie en 1763, j'examinai avec beaucoup de soin ce qui étoit rassemblé dans ce précieux dépôt;* &, pour soulager ma mémoire, j'en tins une note dans mon journal. Je me proposois d'en extraire seulement ce qui concernoit la Physique & l'Histoire naturelle, pour le communiquer à l'Académie des Sciences, lorsque des conseils auxquels je dois souscrire m'ont engagé à publier mes remarques entiéres. En me rendant à ces avis, ce n'est assurément pas dans la vue

---

* M. le Marquis de Durfort, alors Ambassadeur à la Cour de Naples, me fit accorder les facilités qui dépendoient de lui, & je fus heureux que son esprit éclairé & porté au progrès des Sciences & des Arts, l'engageât par goût à me procurer un accès au Museum.

AVANT-PROPOS. xiij

d'inftruire les Savants Antiquaires, je m'eftimerai heureux, fi ces notices peuvent exciter & fatisfaire la curiofité des Lecteurs qui ne font point à portée de voir par eux-mêmes, ou offrir à ceux qui iront à Naples un premier journal, pour les engager à fixer leur attention fur les objets qui m'ont paru les plus dignes de les arrêter.

Si je hazarde de temps à autre quelques réflexions, je prie encore qu'on les regarde plutôt comme de fimples conjectures que je me fais honneur de foumettre au jugement des perfonnes plus éclairées; ne prétendant nullement les mettre en parallèle avec ce qu'on trouve dans les differtations favantes, qui ont déja été publiées sur quelques-uns des objets dont je parle dans ce petit ouvrage.

Je ne veux pas omettre de témoigner à des amis, & particuliérement à un de mes freres, qui a fait depuis moi le même voyage, la reconnoissance que je leur dois d'avoir bien voulu me procurer des additions & des perfections qu'un long retard qu'a éprouvé ce travail avant que d'être imprimé, a permis d'y ajouter.

ÉCLAIRCISSEMENS
Sur quelques endroits de ce Livre.

I. P*AGE* 48. Les Romains préféroient le cuivre au fer pour en former des crampons, lorsqu'il s'agissoit d'attacher deux pierres l'une à l'autre ; parce qu'ils n'ignoroient pas que le fer en se rouillant se gonfle & augmente beaucoup de grosseur, ce qui fait fendre les pierres où on auroit scellé ces crampons.

II. *Page* 70, il est dit que le mot latin *Encaustum* est synonyme d'*Encre*. On pourroit objecter que Pline, & d'après lui quelques Auteurs de Dictionnaire, n'adoptent *Encaustum* que pour signifier un Coloris qui se fait par le moyen du feu ; tel qu'est la *Peinture en Email.* J'avoue que Pline & d'autres Anciens ne paroissent pas avoir appliqué à l'encre le nom d'*Encaustum.* Mais dans des siécles postérieurs, les Latins l'ont fait à l'exemple des Grecs. C'est pourquoi Gesner dit dans son *Lingua Latina Thesaurus*: « pro Atramento scriptorio *Encaustum* dixit » ætas inferior; unde *Inchiostro* Italorum est; » & hinc Gallorum *Encre.* » Il cite à cet égard plusieurs Auteurs.

Dom de Montfaucon dit la même chose dans le 1. Ch. du I. Livre de sa *Palæographia Græca.*

Le Dictionnaire Etymologique de la Langue Françoise de Ménage, édition de Paris 1750; au mot *Encre*, rapporte des textes d'Isidore, de Vossius & de Pierre de Clugny : où l'on voit ces Auteurs nommer expressément *Encaustum* l'encre à écrire. Vossius outre cela reconnoît que ce mot est l'origine de l'Italien *Inchiostro*; & de l'*Incaust* des Polonois.

En voilà probablement assez pour autoriser ce que j'ai dit sur *Encaustum* & sur *Inchiostro*.

III. *Page* 97. Comme on pourroit dire que nombre de Lexiques ne mettent pas le mot Ριζεῖον, & qu'on y trouve seulement Ριζίον : il est bon d'être prévenu que Nicander a employé dans son ouvrage Grec sur la Pharmacie les deux mots Ριζεῖον & κυρηναικον tels que je les écris ici ; & que Robert Constantin nous les a transmis dans son Lexique.

Fautes à corriger.

Page	Ligne	Au lieu de	Lisez
5	16	s'écrit :	se prononce :
9	14	d'éruption	d'éruptions
10	15	celles	celle
25	2	fleurissoit.	florissoit.
27	10	consumés	consumées
34	4	retiennent	tiennent
39	20	fussent	étoient
41	3	mausolés.	mausolées.
42	23	Boscovith,	Boscovich,
52	9	*Eliditur*,	*Sic eliditur*,
56	6	le cuilleron à	dont le cuilleron a
75	12	Architectures.	Architecture.
75	18	& Goropius	Goropius
75	20	prétendent	prétend aussi
80	20	couvertures	ouvertures
88	3	gravées	gravés
108	12	On a	On avoit
127	19	trouvées	trouvés
171	9	il	ils
179	15	colée	collée
217	13	avons cité	citons

ANTIQUITÉS
D'HERCULANUM.

Je vais commencer par exposer ce que l'on sçait de plus précis sur les Villes souterraines dont je me suis proposé de parler. Je crois ce préliminaire nécessaire pour l'intelligence de ce que j'en dirai : &, comme je ne puis qu'extraire ce qui se trouve déja dans différents Auteurs, j'abrégerai les détails le plus qu'il me sera possible.

Les anciens Historiens ont fait mention de trois villes, *Herculanum, Pom-*

A

peii & *Stabiæ**, dont les Géographes les plus habiles ne pouvoient rencontrer aucuns vestiges.

Plusieurs villes portoient le nom d'Herculanum ou d'Héraclée, parce qu'elles étoient consacrées au culte d'Hercule. On ne voit pas aussi clairement d'où celles de Pompeii & Stabiæ tiroient leur nom.

Voici ce que Strabon, qui vivoit sous Auguste & Tibere, a écrit sur

---

* J'écris comme les Latins *Pompeii* & *Stabiæ*. J'aurois pu aussi choisir *Pompæa*, Strabon s'étant servi du mot de Πομπαία, (*Lib. V, pages* 378 & 379.) M. Rollin emploie dans son Histoire Romaine ceux de *Pompeii* & *Stabies*. Dion Cassius, *Hist. Rom.* (*L. LXVI*, *Cap.* 23, *pag.* 1095, *Éd. Hamburg* 1750, *in-fol.*) n'appelle pas la ville de Pompeii Πομπαία, comme Strabon, mais Πομπήιοι, comme les Latins, qui disent presque toujours Pompeii. Cet Auteur vivoit aux environs de l'an 230 de Jésus-Christ. Il dit positivement, en décrivant l'éruption de l'année 79 : « Le Peuple » étant assemblé au Spectacle, deux villes » entières, Herculanum & Pompeii, furent » englouties par une quantité prodigieuse de » cendres portées par le vent ».

Herculanum & Pompeii, (*Géograph. Lib. V*, *pag.* 378, *Amſtelod.* 1707, *in-fol.*) Herculanum ſuit Naples. Pompeii arroſé par le Sarnus, (aujourd'hui Sarno) vient enſuite. L'on ne trouve rien dans le même Auteur ſur Stabiæ, parce que cette petite Ville étoit détruite de ſon temps : elle le fût par Luc. Sylla, Lieutenant du Conſul L. Porcius Caton, l'an de Rome 665. Ce ne fut plus depuis qu'une métairie. Pline le dit expreſſément dans ſon *Hiſtoire Naturelle*, *L. III*, *C.* 5, *pag.* 157, *Edit. Harduini*, *in-fol. Pariſiis*. « *In campano autem agro Stabiæ oppidum fuere uſque ad Cn. Pompeium & Luc. Catonem Conſules, pridiè calend. Maii, quo die L. Sylla Legatus bello ſociali id delevit quod nunc in villam abiit* ».

Columelle (*Lib. X*) dit que les marais de Pompeii étoient voiſins des ſalines d'Herculanum. Enfin, Ciceron a fait l'éloge du climat de Pompeii, ou Pompæa. C'est dans ce séjour agréable qu'il a composé ses livres de la Nature des Dieux, de la Vieillesse, de l'Amitié, &c.; tous chefs-d'œuvre que nous devons peut-être, en partie, à la beauté du lieu qu'il habitoit.

Portici, où le Roi de Naples a un superbe Palais, est aujourd'hui établi sur les ruines d'Herculanum, environ à six milles de Naples. Strabon, dans l'endroit que j'ai cité, ne dit point positivement quelle distance il y avoit d'Herculanum à Pompeii; mais il marque qu'après Herculanum, on rencontroit Pompeii, & que le Vésuve dominoit l'une & l'autre Ville.

L'on conjecture que Pompeii étoit près de la tour de l'Annonciade, située à l'Est de la ville de Naples. Effectivement les fouilles que l'on a faites de ce côté-là ont procuré de très-beaux morceaux : probablement par la suite on en découvrira qui feront connoître plus positivement la position de Pompeii, & qui assureront la découverte de cette Ville.

A l'égard de *Stabiæ* ou *Stabies*, ville peu considérable, & qui, comme nous l'avons dit, étoit détruite long-temps avant qu'Herculanum & Pompeii fussent ensevelies, il y a apparence qu'elle étoit plus éloignée de Naples que les deux autres; & on soupçonne sa position vers *Gragnano*. Cellarius (*Géograph. antiq. vol. I, pag.* 676, *Edit. Lipf.* 1731, *in*-4°) l'appelle *Castella mare di Stabia*, ou simplement, *Castella mare*; qui, pour l'ordinaire, s'écrit : *Castel a mar*. Le P. Hardouin dans ses notes sur Pline, est du même sentiment. Quoique la position de Castel à mar réponde assez bien à celle de Stabiæ; comme les Historiens anciens ont peu & obscurément parlé de la position de cette derniere Ville, il est difficile de n'avoir pas encore quelque incertitude sur ce point de l'ancienne Géographie.

Il n'en est pas de même d'Herculanum : les inscriptions qui y ont été trouvées, assurent la vraie position de cette ville, on sçait qu'elle est sous Portici. Les fouilles que l'on a déja faites ne peuvent encore donner une idée exacte de son étendue ; on présume seulement que cette ville s'étendoit le long de la côte vers Terracine depuis la tour dite *Torre del Greco*, jusque sous Portici. Il paroît incontestable aussi qu'Herculanum avoit peu de largeur, étant resserré d'un côté par la Mer, & de l'autre par le Vésuve.

Les Auteurs anciens conviennent que cette Ville fut comblée par une éruption du Vésuve, l'an 79 de l'ére Chrétienne, au commencement de l'Empire de Titus.

On regarde encore comme certain que Pline l'ancien ou le Naturaliste qui avoit parlé d'Herculanum & de Pompeii, *Lib. 3. cap. 5.* périt dans une éruption qui caufa la ruine d'Herculanum. On peut confulter fur cela les deux lettres de Pline le jeune, addreffées à Tacite, qui font les feizieme & vingtieme du fixieme Livre. Il eft impoffible de refufer une entiere confiance à ce que dit cet Auteur, qui avoit été témoin oculaire de l'éruption qu'il décrit admirablement, en peignant avec énergie & fentiment la perte qu'il y fit de fon oncle le Naturalifte.

Quelques temps avant l'éruption du Véfuve qui détruifit Herculanum & Pompeii, ces Villes avoient déja été endommagées par ce Volcan; & c'eft d'une de ces fecouffes dont parle Séneque, *Quæft. Natur. Lib. 6. cap. 1. Mich. Vafcofan* 1540. * Cet événement

---

* *Pompeïos celebrem Campaniæ urbem; in quam ab alterâ parte Surrentinum Stabianumque littus, ab alterâ Herculanenfe conveniunt, marequæ ex*

n'étoit, à ce qu'il paroît, que l'effet d'un tremblement de terre; & l'éruption du Vésuve n'y avoit eu aucune part.

Suivant Strabon, il y avoit eu plusieurs éruptions dans des temps plus reculés; mais ces événements étoient déja effacés de la mémoire des hommes; & ce qu'avance cet Auteur est prouvé par l'examen des parties qui composent la montagne de ce Volcan, quoique l'Histoire ne fasse aucune mention des éruptions antérieures à celle qui arriva sous Titus l'an 79. de notre Ere, ou 832. de Rome.

---

aperto conductum amœno sinu cingit, desedisse terræ motu, vexatis quæcumque adjacebant regionibus, Lucili virorum optime; audivimus, & quidem diebus hybernis quos vacare à tali periculo majores nostri solebant promittere. Nonis Februarii fuit motus hic, Regulo & Virginio Consulibus, qui Campaniam nunquàm securam hujus mali, indemnem tamen, & toties defunctam metu, magna strage vastavit. Nam & Herculanensis oppidi pars ruit; dubieque stant etiam qua relicta sunt, &c.

Les tremblements de terre étoient fréquents dans cette partie de l'Italie qui avoisine le Vésuve. Pline le jeune (*Lib. VI°. Epist.* 20.) remarque qu'ils étoient communs dans la Campanie : ils avoient détruit en partie Pompeii, ou s'ils l'avoient ruinée entiérement, elle avoit été rétablie ; car Dion Cassius assure, comme nous le dirons dans la suite, qu'elle fût détruite par les cendres du Vésuve sous Titus.

A l'égard d'Herculanum, il paroît que sa ruine est une suite de tremblements de terre & d'éruption du Vésuve qui l'ont ensevelie, en accumulant des monceaux de cendres & des lits de laves. Dion Cassius, *Hist. Rom. L.* 76, *C.* 2, *p.* 1272, *Edit. de Hambourg* 1750. *infol.* cite l'éruption qui arriva l'an de Rome 955. & de notre ére 202. sous Septime Sévere. Il fait encore mention des embrasements du Vésuve *au Liv.* 66, *chap.* 21 & *suivant* : & dans le chap. 23, il dit qu'Herculanum & Pompeü furent enfevelis par les cendres qu'avoit jettées le volcan; fans marquer le temps de cet événement. Mais on apperçoit qu'il le rapporte, comme nous l'avons dit plus haut, au commencement du regne de Titus, ou à l'an 79 de l'ére chrétienne.

Plufieurs Auteurs, entr'autres Procope, (*de Bello Goth. Libro* 4°.) & Don Ignace Serrentino, (Hift. du Véfuve imprimée à Naples en 2. volum. 1734.) ont donné les dattes & l'hiftoire des éruptions du Véfuve, poftérieures à celles de Titus; ainfi je m'abftiens ici d'en parler; & je paffe à la découverte de ces Villes fouterraines, qui, comme je l'ai dit, étoient depuis long-temps dans un oubli abfolu.

On fçait que la premiere découverte de ces antiquités, eft due au prince d'Elbeuf, (Emmanuel de Lorraine,) depuis Duc du même nom, qui, ayant une maison de plaisance à Portici, acheta d'un Paysan, en 1713, le terrein où étoit un puits qu'il creusoit, & où il avoit déja trouvé quelques morceaux anciens. Ayant fait continuer cette fouille, les Ouvriers suivirent des dégrés très-difficiles à percer, & parvinrent à un Amphithéatre où l'on trouva des morceaux précieux. Le Roi de Naples réclama les ouvrages commencés. Il nous suffira ici d'avoir annoncé ce qui a donné lieu à cette découverte, & de renvoyer pour plus de détails au livre de M. Requier. Ce puits sert encore à jetter un peu de lumiere dans cette partie de la Ville souterraine, & procure de l'air aux Ouvriers qui y travaillent.

On entre dans la ville de Pompeii par le côté de Portici qui est le plus éloigné de Naples, & qui avoisine Terracine. J'ai examiné avec attention la nature des terres que l'on fouille pour pénétrer dans les rues & dans les maisons d'Herculanum & de Pompeii. C'est une terre brûlée, parfaitement semblable aux cendres que jette le Vésuve, & qu'on trouve sur la pente de la montagne, à quelque distance de l'embouchure de ce Volcan. Cette terre a acquis assez de consistance, pour qu'on ne puisse l'entamer sans le secours des pioches: cependant, quand elle est nouvellement tirée, on peut la rompre entre les mains; mais en se desséchant à l'air, elle prend de la dureté. Si l'on examine à la loupe cette espece de tuf, on découvre de petites parties de laves qui y sont mêlées. Ce sont presque les seules observations que l'on puisse faire sur la nature de la terre qui recouvre cette Ville souterraine.

Il sembloit que l'inspection d'une coupe des terres qui se trouvent au-dessus d'Herculanum, devoit offrir à un Naturaliste des remarques intéressantes sur la nature de cette terre, sur les altérations qu'elle auroit pu souffrir, sur sa disposition & son arrangement. Je croyois pouvoir rendre mes observations utiles en examinant les carrieres qui se trouvent au-dessus de la Ville d'Herculanum, & qui servent de fondation à celle de Portici; puisque d'après des remarques faites sur les bancs de cette pierre, il sembloit qu'on auroit pu apprendre comment ils ont été formés, & décider le temps nécessaire pour leur formation. Mais ces vues que devoit se proposer un Naturaliste, ne peuvent être entiérement satisfaites: l'attention la plus scrupuleuse ne laisse appercevoir que le désordre de ces matieres, & la consistence qu'elles ont prise, qui est due principalement à leur nature & à l'eau qui s'y est rencontrée. Les bouleversements arrivés en différents temps ont détruit la régularité des bancs de pierre dans les carrieres, où elles n'ont aucuns lits : d'ailleurs, il est très-probable qu'une partie de la Ville a coulé fous les branches de la carriere déja formées.

En fouillant les puits de Portici, on rencontre souvent plusieurs lits de vraie lave : ils sont sur-tout très-fréquents dans la partie qui avoisine le bas de la montagne du Vésuve. Il est rare qu'on ne soit pas obligé de percer des bancs de laves avant de trouver l'eau qui est encore beaucoup au-dessous. On rencontre des branches de la même carriere du Vésuve, qui, en se prolongeant, descendent sous Portici, & servent à appuyer les bâtiments de cette nouvelle Ville : & sous une partie de Portici, est la ville d'Herculanum.

La pierre de tous ces endroits est de couleur grise, d'un grain serré & dur ; & c'est de ces carrieres qui s'étendent, comme nous l'avons dit, sous la montagne du Vésuve, que l'on tire les pierres qu'on emploie ordinairement à Naples pour faire les balcons, les terrasses & autres ouvrages de pierre de taille. La pierre contient souvent des écumes noires, des cristaux spatheux qui y forment des points brillants. Cette même espece de pierre se trouve depuis Rome jusqu'aux environs de Naples, & peut-être s'étend-elle encore beaucoup plus loin. Par-tout on reconnoît la même couleur & le même grain de pierre : seulement auprès du Vésuve, la pierre est plus remplie de Laves ; & on en trouve d'autant moins, qu'on s'éloigne plus de ce volcan.

Comme le terrain de Portici est inégal, il faut fouiller plus ou moins profondément pour arriver à Herculanum. Au-dessus de l'Amphithéatre qu'on a découvert en premier lieu, il y a depuis le sol jusqu'aux bancs qui forment cet Amphithéatre, quatre-vingt palmes, ou environ onze toises de France :

du côté de Réfina, il faut fouiller cent vingt palmes, ou feize toifes : ailleurs, les terres qui recouvrent cette Ville, ont moins de hauteur.

Voilà à quoi fe reduifent les obfervations que nous avons pu faire fur la nature des fubftances qui ont enfeveli ces villes : je paffe maintenant aux travaux que l'on a faits pour pénétrer dans l'intérieur de ces anciens bâtiments.

On a dégagé le dedans de l'Amphithéatre, en enlevant toutes les terres qui l'avoient comblé. Malgré cette dépenfe confidérable qui permet qu'on fe promene dans toute l'étendue de cet édifice, il eft mal-aifé de prendre une jufte idée de fa forme, parce qu'on n'apperçoit point l'enfemble de ce bâtiment fouterrein. Je n'oferois décider qu'il fût circulaire, ou demi-oval, comme le penfe M. Cochin, d'autant qu'en ce dernier cas il s'écarteroit de la figure la plus ordinaire

aux

aux Amphithéatres anciens que l'on connoît, tel que celui de Marcellus à Rome.

Il n'est pas probable que le Peuple fût assemblé dans cette salle de spectacle lors de l'éruption du Vésuve, l'an 79, comme le dit Dion Cassius : ou ce seroit une nouvelle preuve que l'on auroit eu le temps de s'éloigner ; car on n'y a point trouvé de squelettes ni d'ossements.

Cet Amphithéatre a été construit avec des pierres de très-gros échantillon : les murailles de cette salle de spectacle étoient ornées de belles peintures sur le stuc ; & de deux belles statues équestres, dont nous parlerons dans la suite.

Il ne faut pas croire, comme j'ai vu plusieurs personnes se l'imaginer ici, que ces travaux considérables faits par les ordres du Souverain, mettent le curieux en état de se promener dans ces Villes, comme on le feroit dans les caves de l'Obfervatoire, dans les grottes fouterraines qu'on nomme *Beaume en Provence*, ou dans des magafins conftruits fous terre ; ce qu'il en a coûté pour vuider l'Amphithéatre, a fait prendre le parti de dépofer les décombres des endroits qu'on fouille, dans d'autres déja fouillés : ainfi, tandis qu'on vuide un côté, on en comble un autre. Nous examinerons bientôt s'il feroit poffible de faire autrement ; en ne comptant même pour rien les dépenfes qui fe multiplieroient beaucoup, s'il falloit, à mefure que l'on fouilleroit, tranfporter au loin les terres fouillées. Commençons par donner une idée de l'état où font ces Villes depuis qu'on les a retrouvé.

1°. Pour entrer dans Pompeii, on fuit une longue gallerie en pente, affez femblable à celles que l'on forme pour travailler un filon de mine. Cette gallerie a feulement quatre ou cinq pieds de largeur fur cinq à fix de hauteur; & elle conduit dans la Ville fouterraine. On apperçoit, de diftance en diftance, des embranchements que l'on a faits pour pénétrer dans ces différents endroits; la plupart de ces routes ont été bouchées par les décombres des autres déja fouillées. On fuit une rangée de maifons qui formoient une rue: dans un endroit on a affez fouillé pour pouvoir juger de la largeur de la rue. On s'eft affuré que les rues d'Herculanum étoient droites & tirées au cordeau; & que le long des maifons il y avoit un trottoir plus élevé, pour les gens de pied.

La plupart des maifons font en briques, & il ne paroît pas que les bâtiments euffent une forme régulière & fymétrique. On entre dans quelques-unes de ces maifons: où l'on ne trouve plus que des reftes de murailles, quelquefois revêtues de ftuc coloré. C'eft de deffus ces murs que l'on a enlevé les tableaux fur ftuc qui en faifoient l'ornement, & que le temps a refpectés. On y voit des corniches de marbre, des reftes de portes, des pilliers & des cloifons en bois, d'autres en pierres ou en briques, qui font auffi faines que fi elles venoient d'être mifes en œuvre.

Les murailles ont peu perdu de leur à plomb ; & celles qui s'inclinent penchent du côté du midi, probablement parce que les laves & les cendres pouffées par le vent, venoient du nord. On trouve des planchers faits avec des pierres de volcans * jointes avec un mortier de pouzolane fort dur. Il paroît que les habitants employoient volontiers à la conftruction de leurs voutes ces fortes

---

* Ce font des preuves inconteftables de l'ancienneté des volcans dans cette partie de l'Italie.

de pierres, à cause de leur légereté. L'on a trouvé aussi dans l'épaisseur de la maçonnerie, plusieurs cruches noyées dans le mortier. On sçait que c'est un moyen dont les Romains se servoient pour rendre leurs voutes légeres sans en diminuer la solidité. Il paroît que cette Ville étoit pavée de pierres assez semblables à celles que l'on tire aujourd'hui des carrieres qui sont situées au bas du Vésuve, & dans lesquelles on trouve beaucoup de substance de volcan. On conserve de ces *pavés* qui ont été tirés d'Herculanum.

Voyons maintenant, comme nous l'avons promis, si même, en ne ménageant aucune dépense, on pourroit enlever de ces Villes souterraines tous les décombres; & dégager entiérement les rues & les maisons, de façon à en pouvoir examiner jusqu'aux moindres parties.

Ces Villes ayant été ensevelies,

ainsi que nous l'avons dit, sous des cendres jetées par le volcan, les éruptions multipliées en différents temps, ont rempli de cendres durcies, les rues & les maisons. Le poids de celles qui ont chargé les planchers & les terrasses des toîts, les a fait écrouler; de sorte qu'il ne reste plus que les murs, qui, étant chargés à peu près également des deux côtés, ont conservé en partie leur à plomb. Qu'on imagine quelle dépense occasionneroit le transport d'une immense quantité de déblais que fourniroit cette fouille : & supposant qu'on pût les en tirer, où les déposeroit-on sans former une haute montagne ?

D'ailleurs, une partie d'Herculanum se trouve sous Portici, où sont élevés de superbes palais & de belles maisons fondées sur des lits de laves. N'y auroit-il pas à craindre que des fouilles confidérables n'ébranlaſſent ces édifices, ſur-tout dans les quartiers les plus expoſés aux tremblements de terre occaſionnés par le Véſuve; & qu'en voulant découvrir une ancienne ville, on n'en détruisît une nouvelle?

Enfin, puiſqu'il y a des endroits où la Ville ſouterraine eſt recouverte de ſeize toiſes & plus de hauteur de terre, comment feroit-on pour ſoutenir cette maſſe énorme de cendres, & pour conſerver chaque étage d'un grand bâtiment, & qui eſt preſque en ruine?

En voilà aſſez, ſans doute, pour faire comprendre que ceux qui croient qu'il auroit été convenable de dégager entiérement cette Ville, ne font point attention aux inconvénients & aux difficultés qui réſulteroient d'une telle entrepriſe.

J'avoue qu'il ſemble qu'on pourroit conduire ces travaux différemment, en les prenant par petites parties, &

examinant avec plus de soin les édifices que l'on soupçonneroit avoir appartenu à quelques riches ou curieux. On en retireroit probablement plus de connoissances sur la batisse des anciens. Mais il est toujours certain que les travaux tels qu'on les exécute, ont donné lieu à des découvertes, non-seulement curieuses, mais très-utiles.

Rassemblons, en moins de mots qu'il sera possible, ce que l'on peut conclure d'après ce que nous venons de rapporter. 1° On ne peut révoquer en doute que la Ville découverte sous Portici ne soit celle d'Herculanum. La position de cette ancienne Ville indiquée par beaucoup d'Auteurs, des monnoies qu'on y a trouvées, les deux statues équestres qu'on a tirées de l'Amphithéatre de cette Ville, & dont une porte pour inscription le nom de Nonius Balbus, ne permettent aucune incertitude, en rapportant cette découverte à celle de la ville d'Herculanum ; & l'on peut être sûr du temps où elle fleurissoit.

2° Les Auteurs que j'ai cités, annoncent que le Vésuve jetoit des flammes bien avant la fondation d'Herculanum; & qu'avant la destruction de cette Ville sous le régne de Titus, elle avoit souffert des dommages de plusieurs tremblements de terre occasionnés par le Vésuve, & peut-être de ses éruptions.

3° Il est probable que la destruction entiere de cette Ville a été occasionnée principalement par des monceaux de cendres qui l'ont ensevelie peu à peu. Je crois que ce désastre est une suite d'un long espace de temps; car il paroît que les habitants prévoyant leur ruine ont eu le temps d'abandonner leurs maisons, emportant avec eux leurs effets les plus précieux, ou qui leur étoient les plus nécessaires, quand leur volume ou leur poids permettoit de les transporter. Aussi dans les fouilles d'Herculanum, on n'a trouvé aucun cadavre qui ne fût enterré. Je n'ai entendu parler que du squelette d'un homme qui étoit appuyé le long d'une porte, tenant à sa main une bourse remplie de monnoies; & cet homme probablement a été la victime de son avarice *.

Ce qui me confirme dans l'idée que cette destruction a été successive, c'est qu'on a tiré des décombres d'Herculanum, principalement des morceaux de sculpture trop pésants pour permettre de les enlever, ou des ustensiles d'assez peu de valeur pour ne pas mériter d'être emportés.

Comme on ne connoissoit alors que des peintures sur stuc ou sur la pierre,

---

* La destruction de Pompeii paroît, au contraire, avoir été plus subite, puisque l'on a trouvé dans les rues des bijoux au milieu de plusieurs cadavres.

il a fallu les abandonner, parce qu'elles étoient fur les murailles des maifons. Ces peintures forment aujourd'hui une partie des morceaux précieux qu'on tire de cette malheureufe Ville.

Les couleurs de ces peintures ont confervé toute leur fraîcheur; les matieres les plus combuftibles, telles que les bois, la poix & l'huile n'ont point été confumés; les métaux n'ont point été fondus: on trouve des morceaux très-bien confervés, probablement parce que la cendre dans laquelle ils étoient, ayant été pénétrée d'eau, s'eft durcie, & a contribué à leur confervation.

Il paroît cependant difficile d'imaginer que dans ce terrible événement l'incendie n'ait point contribué à en augmenter les horreurs. Le feu des atres, quelqu'écoulement de laves, la grande chaleur des cendres, peuvent avoir confumé certaines parties; & effectivement, dans quelques endroits de la Ville, on trouve différentes substances attaquées par le feu; mais je crois qu'on ne doit pas regarder le feu comme la cause principale de la destruction de cette Ville.

Il est vrai que les bois qu'on a retirés d'Herculanum ont une couleur noire, & qu'ils semblent réduits en charbon jusque dans le cœur; mais on sçait que les bois qui sont restés pendant des siécles en terre ou sous l'eau, deviennent très-noirs, & qu'ils acquerent une grande dureté, tandis que d'autres perdent toute leur consistance. C'est dans cet état que se trouvent ceux d'Herculanum, qui sont en charbon gras, & non en cendre : peut-être qu'ils n'ont point été consumés, parce qu'ils se sont trouvés ensevelis dans des cendres brûlantes, où ils n'ont pu avoir communication avec l'air. J'ai vu aussi des morceaux de bois très-minces

& délicats qui avoient conservé toute leur forme ; au-lieu que d'autres bois fort gros avoient contracté jusqu'au centre la couleur noire, & toute l'apparence de charbon.

Voilà, à peu près, les remarques que j'ai pu faire en parcourant les fouilles d'Herculanum. Quittons cette Ville souterraine, & entrons dans les cabinets du Palais de Portici, où ont été déposés tous les morceaux précieux tirés d'Herculanum & de Pompeii. On a donné à ces cabinets le nom de *Museum Herculanense*.

Je suivrai, autant qu'il me sera possible, l'ordre des cabinets & celui des armoires, en insistant principalement sur les morceaux qui m'ont paru les plus importants pour l'histoire des sciences & des arts.

Je parlerai ensuite des Peintures qui y ont été trouvées : & je finirai par citer les plus beaux morceaux de

Sculpture qu'on y a découverts.

De Portici, pour aller à Terracine, on traverse le Château Royal. Ce Château est composé de quatre aîles ou corps de bâtiments, & l'on passe sous deux de ces aîles. Avant le Château on voit le Museum, & une cour qui sert d'entrée à cette gallerie, où sont les morceaux tirés d'Herculanum.

ARTICLE PREMIER.

Museum.

La cour est remplie de morceaux antiques : dans le fonds de cette cour est l'escalier qui conduit aux Salles du Museum.

Les planchers de la plupart de ces Salles sont carrelés avec des marbres de différentes couleurs qui formoient des *mosaïques* dans les appartements d'Herculanum, & sur-tout de Pompeii. On a enlevé ces mosaïques avec soin, par morceaux de deux ou trois pieds en quarré, pour les placer artistement & dans le même ordre où ils étoient, en se contentant de refaire les joints, & de leur donner un nouveau poli. Ces morceaux qui sont d'une grande antiquité sembleroient avoir été faits pour le nouveau lieu où on les a mis ; & ils forment des compartiments variés, & d'un très-bon goût. On ne pouvoit rien imaginer de mieux pour décorer ces cabinets qui devoient contenir les autres morceaux antiques tirés des mêmes Villes souterraines.

Premiere Salle.

La premiere salle contient six armoires, qui portent chacune un numéro : au milieu de cette salle est une table faite d'un morceau de *mosaïque* tiré d'Herculanum ; on l'a encastré dans du marbre. Sur cette table est posé un beau *trépied* de bronze, dont les branches représentent des Priapes.

On a déposé dans plusieurs armoires ce qui a paru avoir rapport aux sacrifices : on y voit des *vases*, des *bassins*, des *coupes*, des *aiguieres* de différentes grandeurs & de formes assez agréables ; des *trépieds*, dont deux entr'autres tr'autres sont de bon goût; l'un a pour supports des corps de satyres. Ces trépieds paroissent faits d'un alliage semblable au bronze, car ils ne sont pas de pur cuivre*.

Tout le monde sçait que ces trépieds servoient à porter des vases dont on faisoit usage pour les sacrifices. On en voit au Museum de légers & portatifs d'une construction simple; les trois pieds assemblés par des charnieres, peuvent se rapprocher les uns des au-

---

* Les statues anciennes sont d'un alliage dont le cuivre forme la principale partie, & qui ressemble, par la couleur, à notre *bronze*. La statue équestre de Marc-Aurele, qui orne aujourd'hui le Capitole à Rome, est de cet alliage, ainsi que plusieurs autres statues anciennes : celle de Marc-Aurele a été *dorée*. Quelques Auteurs ont prétendu que ce métal étoit celui de *Corinthe* : voyez ce que Savot a écrit sur cette composition. Pline en avoit établi de trois espèces : & Swedemborg prétend que ce qu'on donne maintenant pour être le métal de Corinthe n'est pas celui des Anciens.

tres, & être affujettis par une virole (R) en forme de coulant, lorfqu'on n'en fait pas ufage: (*Fig.* 15, *Pl. III*). On voit en S, les trois attaches qui retiennent écartées les branches du trépied; & qui enfuite fe repliant à leur centre, permettent à ces branches de fe rapprocher.

On voit encore dans ces armoires, deux *couteaux* que l'on préfume avoir fervi à égorger des victimes : leurs lames, qui paroiffent être de bon acier, ont environ 15 pouces de longueur fur 18 lignes de largeur. Le manche eft fort court.

Seconde Salle.

On a raffemblé dans la feconde falle un grand nombre de *lampes* fépulchrales; & d'autres qui fervoient à éclairer dans les appartements : il y en a de terre, & de fonte. Les fépulchrales different peu par la forme; des lampes anciennes que l'on voit communément dans les cabinets.

On y remarque une colonne de bronze de 18 pouces de hauteur, & qui paroît avoir été deſtinée à porter une lampe, car il y a ſur le ſocle un génie occupé à arranger la méche d'une petite lampe.

Il eſt ſingulier que, quoique l'uſage des chandelles de cire fût fort ancien en Gréce & en Italie, on n'ait encore rien trouvé dans les fouilles déja faites qui reſſemble à des chandeliers ; & , qu'au contraire, on n'y voie que des lampes d'une infinité de formes différentes, à un ou à pluſieurs lumignons, & qui portent des figures allégoriques. Dans la ſuite, je parlerai d'une lanterne qui contient une lampe, & point de bobéche. Il y auroit donc lieu de croire que dans ces temps reculés, les Habitants d'Herculanum & de Pompeii faiſoient plus d'uſage de l'huile pour s'éclairer, que de cire ou d'autres substances résineuses.

Dans une autre armoire, sont différents morceaux anciens; comme un *casque* de bronze; des *plombs* de même métal, de forme conique exactement tournés, qui paroissent avoir été faits pour des Maçons ou des Charpentiers. Il est assez singulier d'y voir aussi un *parasol* ployant, assez semblable à ceux dont on fait usage aujourd'hui.

On y voit encore différents instruments de Chirurgie, tels que des *pinces*, des *spatules*, des *sondes* droites pour les plaies, d'autres sondes cannelées. Nous en avons représenté une dans la *Fig.* 8, *Pl.* 1ere. Elle est courbe, & le gros bout est terminé par un œuil : peut-être servoit-elle pour la vessie.

Il y a aussi des étuis de métal qu'on soupçonne avoir servi à renfermer des instruments de Chirurgie (*Fig.* 7,

Pl. Iere) ; mais on n'a point encore trouvé de *lancettes* pour la faignée, ni de *flammes*. Je ne veux pas cependant en conclure que la faignée ne fût point d'ufage dans ces temps reculés.

On voit dans cette même armoire une *boëte*, (*Fig.* 4,) qui a affez la forme d'un livre, & qu'on croit avoir été deftinée à renfermer des *onguents*. Proche celle-ci font des pierres de marbre propres à broyer ou étendre ces onguents, & en former des emplâtres. J'ai repréfenté, *Fig.* 12, une autre petite boëte : on affure qu'un ouvrier fut fuffoqué en voulant refouder fon couvercle. Quelques-uns penfent, à Naples, que cette boëte contenoit de ce *poifon* dont a parlé M. de Reaumur, (Hiftoire de l'Académie, année 1747, pag. 54.) & dont les habitants d'Herculanum auroient fait le même ufage pour la chaffe, que le font aujourd'hui les peuples qui habitent les bords du fleuve des Amazones : mais une substance arsénicale auroit pu produire le même effet que celui dont nous venons de faire mention.

Dans une autre de ces armoires sont des tuyaux (*Fig.* 19) d'os ou d'yvoire, qui semblent avoir été des corps de *flutes* : ces différents morceaux se réunissoient au moyen d'un tuyau de bois qui se plaçoit intérieurement dans l'endroit où deux tuyaux devoient se joindre l'un à l'autre. Il n'a pas été possible, en rapprochant ces différents morceaux de juger du diapazon de ces instruments. Mais une singularité qui mérite d'être rapportée, c'est que dans plusieurs de ces tuyaux d'yvoire, le bois que j'ai dit servir à les réunir, étoit converti en pierre. Ceci n'est pas plus étonnant que quantité d'autres morceaux de bois différemment travaillés, & qu'on a trouvés dans les fouilles d'Herculanum, convertis en pierre. Quelques-uns de ces morceaux *pétrifiés*, étoient attachés à du métal.

On a rassemblé dans une armoire les instruments de Musique : on y voit des *cistres* (*Fig.* Iere *Pl.* Iere), des *castagnettes*, des *cimbales* (*Fig.* II). Nous en parlerons, ainsi que d'autres instruments de musique connus des anciens, dans l'endroit où il sera question des peintures.

Dans ces mêmes armoires est un *miroir* de métal : on verra, par ce que nous rapporterons dans la suite, que l'on sçavoit déja faire du *verre* ; mais il ne paroit pas qu'avant la destruction d'Herculanum, on eût l'art de l'étamer, puisqu'aucun Auteur ancien ne cite les miroirs de verre, & qu'il semble que ces habitants fussent obligés de se servir de miroirs de métal poli, (*Pl.* Iere *F.* 2). Ils ne sçavoient point dresser le verre, & le réduire en feuilles assez minces pour en garnir les croisées; aussi leurs fenêtres étoient-elles de simples volets de bois, qu'on ne fermoit probablement que la nuit.

On a aussi trouvé deux *compas* (*F.* 9 & 10) : dont un (*F.* 9) a quatre pointes, & les deux moins longues, forment un angle qui a un certain rapport avec celui des deux autres pointes. On n'a représenté (*F.* 9) que la moitié de l'autre compas; qui s'ouvre à l'aide d'une charniere placée à son extrêmité la plus grosse.

J'ai vu avec plaisir des *mesures* qui se plient comme nos *pieds* de poche, & qui semblent avoir été les mesures d'usage dans ces temps. Comme les deux pieds que j'ai vus étoient d'une égale longueur, je croyois d'abord qu'ils pourroient lever tous les doutes sur la grandeur du pied Romain, & décider une question qui partage encore les Sçavants.

La plupart des Auteurs ont déterminé la grandeur du pied Romain d'après des mesures tracées sur des plans anciens, ou sur des mausolés. Quelques-uns l'ont conclu d'après ce que contenoit une mesure ancienne de liquide connue. Enfin, d'autres comme Piranesi, dans son livre *in-folio* sur les Antiquités Romaines, l'ont établie sur une distance connue entre deux colonnes milliaires que les Romains plaçoient sur les grands chemins. Nous allons montrer combien ces résultats différent entr'eux.

Suivant Fabretti, le pied d'Ebutius est de 133 lignes $\frac{1}{3}$. Si l'on consulte le Traité latin de M. Picard sur les mesures, dans le tome VI de l'Académie des Sciences, pag. 532; & dans ce même volume, pag. 537, celui des mesures prises sur les originaux, & comparées avec le pied du Châtelet de Paris; les Mémoires de l'Académie des Belles-Lettres, tome XXVIII, page 609; on y trouvera d'autres longueurs données au pied Romain. Dans les Volumes de l'Académie des Sciences (année 1714, pag. 395) M. de la Hire, après avoir examiné deux pieds anciens sculptés, dont l'un divisé en 16 doigts, étoit de 10 pouces 11 lignes $\frac{1}{2}$; l'autre de 11 pouces sans aucune division; fixe dans ce Mémoire le pied ancien à 132 lignes.

M. Danville, dans son traité des Mesures Itinéraires, imprimé en 1741, détermine le pied Romain à 10 pouces 10 lignes $\frac{5}{10}$, ou 130 lignes $\frac{5}{10}$ du pied de Paris.

MM. Camus & Hellot, (Mémoires de l'Académie des Sciences, année 1746, pag. 617) ont fixé le pied Romain à 131 lignes $\frac{7}{10}$.

M. Freret, en 1756, (Mémoires de l'Académie des Belles-Lettres, tome XXIV, pag. 490) donne au pied ancien 131 lignes $\frac{2}{10}$. Le P. Boscovith, dans la Mesure du Méridien, imprimée à Rome en 1755, le croit de 131 lignes, ou 10 pouces 11 lignes du pied de Roi.

M. l'Abbé Barthelemi & le P. Jacquier ayant mesuré, en 1756, trois pieds anciens, égaux entr'eux, les ont trouvés de 130 lignes $\frac{6}{10}$.

Ainsi le pied ancien depuis Fabretti, qui le croyoit de 133 lignes $\frac{1}{3}$, a été réduit par d'autres Auteurs, à 130 lignes $\frac{6}{10}$.

M. de la Condamine, qui ne néglige aucunes observations quand elles peuvent être utiles, pense d'après les recherches qu'il a faites, (Mémoires de l'Académie, année 1757) qu'on peut, sans craindre de se tromper, fixer le pied Romain à 131 lignes, ou à 10 pouces 11 lignes.

J'ai cru que les deux pieds trouvés dans les fouilles d'Herculanum, étant des mesures positives, ils pouvoient terminer une question sur laquelle tant de Sçavants sont encore indécis. J'ai donc mesuré ces pieds sur un pied de cuivre qui avoit été exactement fait en France, divisé en pouces & en lignes & étaloné sur celui du Châtelet de Paris. Ils se sont trouvés de 10 pouces 11 lignes $\frac{1}{12}$. Mais, comme ces pieds paroissoient un peu usés par les bouts, j'ai jugé des divisions d'un de ces pieds, en retranchant un quart de chaque bout ; ce qui devoit me donner la demi-division juste. Je l'ai trouvé de 5 pouces 6 lignes ; d'où il résulteroit que la longueur entiere de cette mesure seroit exactement de 11 pouces, ou de 132 lignes.

L'on voit combien il nait de difficultés, lorsqu'il s'agit de constater un fait. S'il est arrivé à ces mesures quelques changements, ne semble-t-il pas qu'on doive plutôt les soupçonner de s'être usées ; & qu'ainsi, d'après ces mesures, il faut donner au pied ancien 132 lignes $\frac{1}{12}$; & si l'on prend les divisions en des endroits de ces mesures qu'on ne peut pas croire avoir changé, 11 pouces ou 132 lignes.

Je conviens que ces mesures fermantes ou ployantes, paroissent avoir été faites, comme nos pieds communs, pour des ouvriers ; & que ces ouvrages étant pour le public, & devant être d'un prix modique, ils ne sont pas travaillés avec tout le soin possible.

Les Auteurs que je viens de citer pensent que le pied Romain étoit au pied Grec comme 24 à 25 (V. les Mém. de l'Acad. des Sc., année 1714, p. 397). Ainsi le pied Romain ayant 11 pouces, le pied Grec devroit avoir 11 pouces 5 lignes $\frac{1}{2}$. Il est donc sensible que les mesures déposées dans le Museum approchent plus de celles du pied Romain.

On voit dans le même cabinet un *peigne de bois*, dont les dents, d'un côté, font plus ferrées que celles de l'autre : ainfi ces peignes étoient femblables à ceux dont nous nous fervons.

Il y a auffi une partie d'un *mords* de bride affez approchant de ceux que nous nommons *filet*. La barre eft droite, & non courbée, comme la plupart des mords dont on fait ufage maintenant (*F*. 6 , *Pl*. Iere).

On voit repréfenté dans la *Fig*. 5 , un *éperon* qui n'a qu'une pointe ; laquelle n'eft pas mobile, ni à molette, comme dans les éperons des bottes d'aujourd'hui. Ceux qui ont une feule pointe, font plus fujets à bleffer les chevaux : au-refte, on en fait encore quelques-uns à peu près femblables à ceux d'Herculanum, pour les attacher aux quartiers des fouliers, & pour qu'ils n'incommodent point en marchant, comme ceux à molettes : mais la pointe de ceux-ci est plus petite que celle de l'éperon, conservé dans le Muséum.

On a mis dans le bas de l'armoire quantité de *gonds*, de *pitons* & de *clous*, &c. qui sont presque tous de cuivre. Le fer étoit cependant commun bien avant la destruction d'Herculanum; mais comme les ouvriers trouvoient plus de facilité à fondre le *cuivre* & le *bronze* qu'à travailler le fer, ils faisoient plus d'usage du premier métal : au-reste, aujourd'hui même que l'on est plus instruit sur la fonte des métaux, & que l'on sçait travailler le fer avec facilité, on préfere encore le cuivre fondu, lorsqu'on veut ajouter des ornements à des ouvrages de fer. Les ustensiles de fer, en petit nombre, qui ont été tirés d'Herculanum, étoient très-endommagés par la rouille. Il ne paroît pas que l'on se servît de *clouyeres* pour y mouler, pour ainsi dire, la lame des clous de fer; on les finissoit, à ce qu'il semble, seulement avec le marteau.

Scheuchfer & Altman ont recherché avec soin l'origine des *dez*, soit de bois, soit de terre cuite, qu'on trouve en grande quantité en labourant la terre, près de Zurzach & de Bade en Suisse. On croit que des légions Romaines qui y avoient séjourné, s'en servoient à leur amusement. Or, comme le jeu des dez étoit connu des anciens, il n'est pas surprenant qu'on en ait trouvé à Herculanum (*F. 3*), de figure cubique comme les nôtres, avec la même disposition de points sur les faces. Les Grecs appelloient les dez κύβοι. Pausanias * & Suidas ** en attribuent l'in-

---

* Corinthiac, Lib. 2, Cap. XX, p. 155, Edit. Lipsiæ 1696, *in-fol.*

** Suidas, au mot Τάβλα, attribue l'invention du jeu *Tabula* à Palamede. Les uns prétendent qu'il se jouoit avec des dez, des jettons ou dames; d'autres, qu'on le jouoit
vention

vention à Palamede. Herodote la rapporte aux Lydiens (Lib. I, §. 94.) La rafle étoit très-connue, & le nom que nous en avons conservé peut être tiré du Grec ῥᾶκος ἀρίλων. J'avoue que ces étymologies sont encore fort incertaines.

Il y a aussi à Herculanum des *cornets* d'ivoire, qui servoient au jeu des dés. On les appelloit en grec Πύργοι ; d'où les Latins ont fait le mot *Pyrgus*, cornet à jouer aux dés. Les bons Auteurs Latins ont nommé ce cornet, *Phimus* *.

Enfin, on voit encore dans ce cabinet de grands vases qui paroissent avoir

---

sans dés, & qu'il répondoit à notre jeu des échecs. Mais ceci auroit besoin d'un éclaircissement que cet ouvrage ne permet pas.

* Voyez la septieme Satyre du second Livre d'Horace, Vers 17, où les Editions les plus exactes disent : *Mitteret in phimum Talos*. Martial emploie le mot *Turricula*, qui est l'interprétation de Πύργος ; ce mot signifiant une Tour.

D

été destinés pour les sacrifices ; une *lanterne* & son éteignoir. J'ai déja prévenu que cette lanterne étoit faite pour porter une lampe.

Troisiéme Salle.

On a déposé dans les armoires de la troisiéme piéce, des outils de Maçons & de Tailleurs de pierre, entr'autres, une *tenaille*, un gros *marteau*, un plus petit, ayant d'un côté une panne ; une *coignée*, & une *hache* de Charpentier ; une *pioche* ; de petites *forces*, (*F.* 18, *Pl.* 1ere) des *verrous*, des *clefs* & des *serrures*.

On voit aussi dans cette armoire, des *briques* de forme assez ordinaire, d'autres longues & à tête quarrée, dont (par l'arrangement qu'on leur donnoit) les Anciens formoient des losanges & une espéce de mosaïque, (*Opus reticulatum*, *F.* 1, *Pl.* 3) qui a servi d'origine aux mosaïques mieux composées avec des pierres colorées ; de grandes *tuiles* terminées par des rebords ou crochets qui, disposés en sens contraires, servent, par leur recouvrement, à l'écoulement des eaux. On en peut observer aujourd'hui, en Italie, d'à-peu-près semblables sur les toits de quelques grands édifices modernes ; une partie de l'Eglise de Saint Pierre de Rome est couverte ainsi.

Les Anciens savoient, avant ce temps, travailler la terre à pots : ils la mouloient, la travailloient au tour, & la faisoient cuire au feu, &c. puisque nous conservons des vases Etrusques d'un très-bon goût.

Il y a aussi des *cuillers* d'ivoire qui sont presque plates, comme on les fait encore en Italie :

Des *fuseaux* aussi d'ivoire :

Des *masques* de différents caracteres pour les spectacles ; & des *moules* de terre pour les faire. Quelques Auteurs parlent des moyens de mouler les masques *.

J'y ai vu encore des moules de terre propres à couler les lampes de bronze.

On a découvert dans les fouilles d'Herculanum, un *char* de bronze,

---

* Voyez *Lucréce*, *Lib. IV*, *v.* 297, qui parle des masques d'argile ou de craie, que probablement on mouloit :

 Eliditur, ut si quis priùs arida quàm sit
 Cretea persona, &c.

On peut consulter sur les masques dont les Anciens se servoient pour leurs piéces de Théatre, *Julius Pollux*, *Lib. IV, Segm.* 133, jusqu'au 155 exclusivement. Les Comédies se représentoient par des Acteurs qui tous étoient masqués ; & ces masques étoient conformes au caractere & aux passions des Acteurs qui devoient les porter. On voit dans des manuscrits de Poëtes anciens, ces différents masques propres aux Acteurs, dessinés à la tête de chaque Scéne. La Bibliothéque du Vatican conserve un Térence du neuviéme siecle, où sont représentés les masques des Acteurs. Voyez *les Comédies de Térence, & la Traduction qui en a été donnée par Madame Dacier*, Edit. de 1768, pag. 28 de la Préface. Voyez encore *une Mosaïque trouvée à Herculanum*, dont nous parlerons en citant les morceaux que contient la dixiéme Salle.

auquel quatre chevaux étoient attelés de front. Le tout étoit en fi mauvais état, qu'on n'a pu conferver du char que les rais des roues; on les a dépofés dans une armoire de cette Salle. Je parlerai ailleurs d'un des quatre chevaux, le feul qui refte : les autres étoient fi brifés, qu'on a cru devoir les regarder comme de la fonte.

On voit dans cette même armoire des mains de fer, ou *menottes*, pour les criminels.

Une autre armoire eft prefqu'entiérement remplie de *fioles* & de *bouteilles* de verre : la plupart ont une forme longue. Ce verre eft de couleur verte, mais moins foncée que celle de nos carafons : elles font d'inégale épaiffeur, & beaucoup plus péfantes que celles qu'on fait aujourd'hui. Je crois que le bon état où elles fe font confervées, doit prouver que les Anciens favoient le vrai mêlange de fels & de fable qui pouvoit donner de bon *verre*. Nos bouteilles, enfouies dans des terres falines comme l'ont été celles d'Herculanum, fubfifteroient-elles auffi long-temps que l'ont fait les bouteilles des anciens ; qui fe trouvent aujourd'hui feulement ternies avec des couleurs d'Iris répandues fur différentes parties de ce verre?

On a auffi trouvé des *gobelets* de verre blanc, dont quelques-uns font travaillés en pointe de diamant. Je ne crois pas qu'on fût dans ce temps les mouler, comme on le fait maintenant : il y en a de travaillés au tour, & d'autres cifelés. Pline, (Lib. 36, C. XXVI, vol. 2, pag. 758, lig. 18, Edit. Hard.) dit en parlant du verre : *Aliud flatu figuratur, aliud torno teritur, aliud argenti modo cælatur.* Le P. Hardouin, dans fes notes fur Pline, dit qu'on ne travaille plus le verre au tour. On cifeloit le verre du temps de Pline, & on le fait encore maintenant ; lorfque l'on veut ajouter quelques ornements aux ouvrages de verre, on se sert de meules ou de tourets pour rendre ces ouvrages plus parfaits ou plus ornés.

J'ai vu avec plaisir, entre les restes d'Herculanum, quantités de grands *vases* de fonte d'une belle forme, dont quelques-uns sont garnis d'anses; & beaucoup d'autres, pareilles, qui ont appartenu à des vases que le temps a détruits. On a aussi découvert le moule de terre cuite qui paroît avoir servi à couler les anses dont nous venons de parler.

On voit encore dans cette Salle, des *couteaux* dont la lame, qui paroit être d'acier, (*F.* 17. *Pl. I.*) est creusée sur son plan comme une gouge, & arrondie par les bords. Ces couteaux servoient à ôter la sueur au sortir des bains, & se nommoient *strigiles*. Il y en avoit d'or, d'argent, de cuivre, de fer, d'ivoire & de corne.

J'ai pareillement obfervé un *dé à coudre*, femblable à ceux de nos Tailleurs d'habits, & ouvert par le bout; des *cifeaux*; des *aiguilles*; & de petites *cuillers* d'argent, dont le manche eft terminé par un bouton, & le cuilleron à peu de profondeur. Je remarquerai en paffant que l'on a trouvé des cuillers, mais point encore de *fourchettes*, parce que fans doute le premier de ces uftenfiles eft d'une plus grande utilité. L'ufage des fourchettes n'eft peut-être pas fi ancien; car dans la plupart des Langues, on n'a point de mot pour défigner ce meuble, & ce n'eft fouvent qu'une corruption du mot *fourchettes* avec peu de changement.

Quatriéme Salle.

On a raffemblé dans une armoire du quatriéme cabinet, des *balances*, des *poids*, & des *mefures* qui ont rapport à notre boiffeau, &c.

La plupart des balances font à levier, de l'espéce qu'on nomme *romaine*, ou *peson*. On en voit à une ou à deux suspensions.

Il y a aussi des balances à plateaux, ou bassins (*F.* 12, *Pl. III.*): elles n'ont point d'aiguille pour indiquer l'équilibre; mais seulement au milieu du fléau, un crochet pour les suspendre. Cette balance pouvoit servir aussi d'espéce de peson, à l'aide d'un poids (*p*) qui se meut le long d'un des bras du fléau qui porte des divisions.

On a réuni ici beaucoup de *poids*, les uns de marbre, les autres de métal, ou de différentes formes, (*F.* 16, *Pl. I.*) Il y en a qui pésent jusqu'à 30 livres. On a entr'autres rassemblé un assortiment de poids en marbre noir, qui sont de forme sphérique, applatis par deux pôles opposés, & très-bien travaillés, (*P. F.* 12, *Pl. III.*) Il y en a onze, numérotés comme il suit : X, V, III,

II, I, S, J, ., .., ⁖, ∷ ;. Les chiffres Romains depuis I, jusqu'à X. marquent les livres. La marque S, est une demi-livre ; J, aussi une demi-livre, & les points, probablement des fractions de ce poids. Il paroît que la livre étoit divisée en huit parties ; qu'on nommera, si l'on veut, *onces*.

Il auroit été utile de confronter ces poids avec ceux de Paris ; mais je n'ai pas été à portée de les y comparer. On assure qu'ils sont les mêmes que ceux dont on fait usage maintenant à Naples. Si cela est, la livre ancienne comparée à la nôtre, auroit 11 onces, 3 gros, 12 grains, poids de marc de France. M. le Blanc, & quelques autres Auteurs, en comparant les monnoies anciennes avec les poids des Romains, évaluent la livre Romaine à 10 onces, 3 gros de notre poids de marc. Le P. Mersenne, & plusieurs autres, au contraire, lui donnent 11 onces, 1 gros, 1 denier. Les poids déposés dans le Muſeum, ſemblent fournir une voie plus directe pour connoître les poids des Anciens.

On a auſſi dépoſé dans ce même cabinet, des *vaſes* en cuivre, de forme très-agréable, qu'on juge avoir ſervi à la meſure des liquides. Il y en a d'ovales, qui ſemblent pouvoir être comparés aux meſures dont nous nous ſervons pour les grains & les farines; entr'autres une eſpéce de *boiſſeau* dont la capacité eſt à peu près de 191 pouces cubes *.

Cinquiéme Salle.

On a placé dans le cinquiéme cabinet, un grand nombre de *buſtes*, les uns de marbre, les autres de bronze.

---

* On voit dans la Collection des antiques du Capitole à Rome, un bas-relief où ſont repréſentées quatre meſures antiques, l'une pour le grain, l'autre pour l'huile, & deux pour le vin.

Plusieurs de ces bustes ont des yeux d'émail incrustés. Comme on vient de faire graver une partie de ces bustes dans le cinquiéme volume des Antiquités d'Herculanum (en 1767.) on est à portée de juger de leur mérite.

C'est dans ce même cabinet qu'on a rassemblé des *manuscrits*, (*Pl.* 11, *F.* 19 & 20.) Cette découverte étoit capable, sans doute, d'exciter notre curiosité.

Ces manuscrits sont roulés, & ressemblent maintenant à des bouts de tabac. Quelques-uns sont écrits sur des écorces d'arbres ; mais la plus grande partie le sont sur des feuilles de plante, & principalement sur des lames de celle que les Botanistes nomment *papyrus*. On cultive dans les jardins en Italie, l'espéce de papyrus qui croît en Sicile*. Je l'avois apporté de Padoue, pour la

---

* Voyez *Lobel*, ou plutôt *Cesalpin*, qui la cultivoit dans les Jardins de Pise.

joindre à la superbe collection des plantes de Trianon; mais cette plante, qui étoit nouvelle ici, y a péri à cause des fatigues du voyage.

Ceux qui voudront trouver rassemblé tout ce que les Auteurs ont dit sur la vraie plante du papyrus d'Egypte, sur lequel écrivoient les Anciens, & qui différe de l'espéce de Sicile, peuvent consulter un Livre intitulé : *Olavi Celsii Hiero-Botanicon, Upsf.* 1745, *Pars posterior*, pag. 137 & suivantes. Cet Auteur a réuni ce que Pline, Strabon, Plutarque, &c., & Guilandini qui vivoit dans le dix-septiéme siécle, ont écrit sur le *gomé*, ou *papyrus* *.

M. le Comte de Caylus, aidé des lumieres de M. de Jussieu, prouve dans les Mémoires de l'Académie des In-

---

* Voyez aussi *la Description du Papyrus d'Egypte*, dans le premier volume des *Voyages dans le Levant*, par *Frédéric Hasselquist*; à Paris 1769, p. 146.

scriptions, Tome XXVI, que Pline s'eſt très-bien expliqué ſur la fabrique du papier des Anciens ; mais que les Commentateurs l'ont mal entendu.

J'ai vu des feuilles de ce papier ancien, que l'on conſerve dans la Bibliothéque du Vatican, & une feuille écrite en caracteres grecs dans la Bibliothéque des Théatins, aux Saints Apôtres de Naples. Les remarques que j'ai été à portée de faire, m'ont paru confirmer ce qu'a dit M. le Comte de Caylus: ainſi je crois qu'on doit conſulter, à ce ſujet, le Mémoire que je viens de citer.

Les manuſcrits d'Herculanum, enſevelis depuis ſi long-temps, ſont devenus noirs, & très-caſſants ; ainſi il faut bien des précautions pour les dérouler ſans les rompre. Ils ne ſont écrits que d'un côté de la feuille, qui eſt roulée très-fermement ſur elle-même, ou ſur un cylindre de bois ; ou enfin quelquefois ſur deux rouleaux creux. On mettoit dans ces rouleaux, les roseaux ou cannes qui servoient alors à écrire, comme font aujourd'hui les plumes. Lorsqu'on vouloit lire ces manuscrits, on introduisoit dans le rouleau une baguette qui lui servoit d'axe, &, par conséquent, au manuscrit. On sçait que c'est de-là qu'est venu le nom de Volume, *volumen*, que l'on a donné à nos Livres. Les Grecs appelloient ces manuscrits πλυκτίον, πυκτίον, πυκτίς ; mots qui viennent de πλύσσω, plier.

Passons aux moyens très-ingénieux qu'on a imaginés, pour parvenir à dérouler ces manuscrits d'Herculanum. (*Pl.* II, *F.* 23.) On pose sur deux espéces de petites mains de fer le rouleau qu'on veut déployer ; on l'appuie sur du coton, pour que les frottements ne l'endommagent point en passant sur ces supports de métal. On introduit encore sous le rouleau, deux cordons qui forment des chaînes sans fin, &

embraffent un rouleau de bois placé au-deffus & en dehors de la boîte, de façon qu'en le tournant on fait ainfi mouvoir le manufcrit. On place au fond d'en haut de la boîte, des vis de bois, auxquelles tiennent par un bout des fils qui font attachés par l'autre bout au bord de la feuille qu'on veut derouler; quand on fait tourner ces vis, les fils prennent une fituation verticale, ou parallele au fond de la boîte: enfuite avec un pinceau on humecte d'eau gommée l'envers de la feuille qu'on veut détacher; on en fouleve de petites parties avec une lame fort mince & des pinces très-déliées; & à l'aide de cette même eau gommée, on colle par derriere l'endroit détaché de petits morceaux de *baudruche* * que

---

* On appelle *Baudruche*, la peau dont fe fervent les Batteurs d'or, pour réduire ce métal en feuilles minces. Elle provient d'une membrane interne qui fe trouve dans l'inteftin *Cæcum* du bœuf.

l'on

l'on a coupés par quarrés. Cette même eau gommée sert encore à attacher à la baudruche les fils qui s'élévent perpendiculairement le long du fond de la boîte ; & lorsque la gomme est séche, on tourne un peu les vis de bois dont j'ai parlé, qui servent à retenir & à élever les petites parties du manuscrit qu'on est parvenu à détacher. Il est clair qu'il faut tourner ces vis avec beaucoup de ménagement, pour enlever les parties du manuscrit sans les déchirer ; & que les fils dont nous avons parlé, forment, comme sur les étoffes, une espéce de chaîne destinée à retenir la partie du manuscrit qu'on a déroulée.

On parvient ainsi en beaucoup de temps, & avec de l'adresse & de la patience, à détacher, peu à peu, une petite partie du manuscrit dans toute la largeur de la feuille : on tourne alors le rouleau du dessus de la boîte, afin de faire tourner un peu le manuscrit qui est posé sur ces supports; & on continue la même manœuvre que nous venons de décrire, jusqu'à ce qu'on ait déroulé une longueur d'environ huit pouces : après quoi on coupe cette portion de feuille, & on la pose sur une table, pour la coller sur toile.

Comme ces feuilles sont presque détruites & réduites en charbon; malgré toute l'adresse & les soins de ceux qui les déroulent, il est impossible qu'il ne s'y trouve des lacunes, que celui qui copie doit remplir, aidé des phrases qu'on lit aisément. Au moment où j'étois dans le Museum (1763), on dérouloit un manuscrit Grec, dont les lettres étoient bien formées; & il me sembloit qu'il ne seroit pas difficile à copier.

On voit dans cette Salle quatre manuscrits déroulés & mis sur toile, dont on distingue assez aisément les caracteres. Dans l'un, il s'agit de sçavoir si la Musique est une science de pur agrément ; ou, si elle est utile à la Société : les autres manuscrits sont un Traité de Rhétorique, un de Philosophie ; & un Ouvrage de Morale. Le hasard nous auroit plus favorisé dans le choix de ces quatre manuscrits, s'il nous eût procuré quelques-uns des Ouvrages anciens que nous regrettons d'avoir perdu, & dont il ne nous reste aujourd'hui que les titres, ou d'autres auxquels il se trouve beaucoup de lacunes.

En parcourant les tableaux, nous ferons remarquer qu'il y a de ces manuscrits roulés sur un, & d'autres sur deux cylindres ; de sorte qu'en roulant l'un & déroulant l'autre, on peut aisément parcourir toute la feuille. A l'égard de l'*encre* dont on se servoit pour écrire, quoiqu'on en ait trouvé dans des écritoires, on ignore comment elle étoit faite : on peut seulement dire qu'elle étoit de la meilleure qualité, puisqu'elle eft encore ajourd'hui plus noire que le manufcrit, qui a prefque la couleur du charbon, ce qui fait qu'on en diftingue affez bien les caracteres; & j'en conclurois qu'elle n'auroit point été faite comme la nôtre l'eft maintenant, avec le vitriol; elle auroit jauni & corrodé le papyrus. D'ailleurs, les caracteres y paroiffent en relief; d'où l'on peut conjecturer qu'elle étoit épaiffe à peu près comme l'encre de nos Imprimeurs. Cependant il falloit que cette encre fût affez liquide pour écrire avec une tige de rofeau; & celle qui eft faite avec l'huile cuite, ne s'y prêteroit pas.

Démofthene (*Oratione pro Coronâ*, pag. 519, lig. 1, Edit. de Taylor, Cambridge, *in-4°.*) reprochant à Efchine la baffeffe de fa naiffance, le vil emploi de fon pere, les vices de fa mere, &c. ajoûte, (pag. 568.) que le digne fils d'un tel pere & d'une pareille mere balayoit dans sa jeunesse, lavoit les bancs, & *broyoit* l'encre, τὸ μέλαν τρίβων. Elle ressembleroit donc à l'encre de la Chine. Mais je pense avoir de bonnes raisons pour ne pas croire que cette encre fût faite avec la Sepia, comme quelques Savants l'ont prétendu à Naples.

Pline, (Lib. 35, Cap. VI, pag. 687) donne différentes façons de se procurer une belle couleur noire. Peut-être les Romains se servoient-ils de l'une de celles-ci pour en composer leur encre, ou de celles que Pline ajoûte dans le même Chapitre, en exposant différentes préparations propres à faire de l'encre: *Fit etiam apud infectores*, &c. Voyez Julius Pollux, Lib. X, Cap. XIV, segm. 59.

Le sentiment de ceux qui prétendent que l'encre des Romains étoit composée avec le noir du poisson connu sous le nom de *seche*, en François, *sepia* en Latin &

calamaro en Italien, est fondé sur ce qu'ils veulent que le poisson ait donné son nom à l'encrier. Mais ne seroit-ce pas plutôt le poisson qui auroit emprunté son nom Italien de l'encrier, à cause de la liqueur noire qu'il fournit, & qui ressemble à celle que contient l'encrier ? Car il me paroitroit plus à croire que si le poisson eût donné son nom à l'encrier, ce dernier se seroit appellé *sepia*, qui est le véritable nom de la *seche*.

Savons-nous même si le mot *inchiostro*, dont peut-être nous avons fait celui d'encre, ne vient pas du Grec ἔγκαυσον, *encaustum*; qui étoit une espéce d'encre faite au feu ? Une autre espece d'encre s'appelloit ἀτέραμνον, *incoctile*, parce ue l'on ne se servoit pas de feu pour la préparer.

Le sentiment des Savants de Naples est cependant appuyé sur quelques autorités que je ne dois pas dissimuler.

Telle est entr'autres celle de la Satyre de Perse, où on lit :

Tunc queritur, crassus calamo quod pendeat humor,
Nigra quod infusâ vanescat sepia limphâ.

Satyr. III, Vers 12.

Swammerdam, (Tom. II, *Bibliæ Naturæ*, pag. 891, Edit. *Lug. Bat.* 1738.) dit que le noir de la seche produit sur les étoffes une couleur qui ne se détruit point, & qui peut servir, par conséquent, à colorer en noir. Il croit, & Hermann l'assure, que les Chinois forment une composition dont le noir de la seche fait la principale partie ; & que cette composition moulée & séchée, se vend sous le nom d'encre de la Chine. J'ai écrit avec la liqueur de ce poisson, qui répondoit assez bien à mes intentions. Mais pourroit-on croire que le savant Naturaliste Pline eût manqué de parler de l'encre faite avec la seche, si c'étoit celle dont les Anciens eussent fait le plus d'usage? Aussi l'ancien Scholiaste de Perse prétend-il que *sepia* se prend pour de l'encre, & non pour le noir de la seche : *Sepiam pro atramento, à colore, posuit; quamvis non ex ed, ut Afri, sed ex fuligine cæteri conficiant atramentum.* Casaubon est du même sentiment. Voyez ses *Commentaires.*

Dans la même armoire où sont les manuscrits & l'encre, on a placé des tablettes (*Fig.* 13, *Pl.* I; *& Fig.* 5, *Pl.* II.) de bois mince, avec des rebords. Elles étoient destinées à retenir de la cire fondue, que l'on unissoit avec une spatule (*Fig.* 14, *Pl.* I.), que l'on a conservée aussi : l'on écrivoit sur ces tablettes avec un stilet (*F.* 4, *Pl.* II.). Voyez *Hermolaüs Barbarus, & Pitiscus, Lexicon Antiquitatum.* Tom. II, p. 84. Plaute dit : *Dùm scribo, explevi totas ceras quatuor;* Curculio, Act. 3, Vers 40.

On voit encore dans cette armoire, un morceau de cuivre sur lequel sont gravés en relief des *caracteres* Romains, & disposés de façon qu'après les avoir enduit d'encre, on pût imprimer avec ces caracteres, le nom ou le mot qui y est gravé. On conçoit qu'il est nécessaire que ces caracteres soient gravés sur le cuivre dans un sens contraire à l'écriture, & qu'en les appliquant sur le papyrus, les noms où les mots venoient dans le sens naturel. Ces empreintes, ou especes de cachets, ne portoient souvent qu'un numero, ou un ou deux noms (*Pl.* 1, *Fig.* 20.). Chaque *plaque* porte un anneau dans la partie opposée à celle des caracteres; afin de servir comme de main pour appuyer dessus, lorsqu'on veut les faire marquer.

N'étoit-ce pas-là une premiere idée de l'Imprimerie qui demandoit à être perfectionnée, avant que d'arriver à l'état d'utilité, dont elle nous est aujourd'hui?

Les manuscrits d'Herculanum ont été trouvés dans une armoire dont on n'a pu conserver que quelques fragments, le reste de l'armoire étant trop détruit. Ces fragments que l'on a déposés dans le Museum, proche les manuscrits, suffisent pour nous apprendre que les Anciens faisoient des armoires en *marqueterie* & que par l'assemblage des différents morceaux de bois, ils rendoient des desseins & différents compartiments.

On a destiné une armoire de ce cabinet à renfermer les *Priapes* trouvés dans les fouilles d'Herculanum. Les uns servoient de lampes; les autres, de pur ornement; & l'on croit que les Dames portoient au col quelques-uns de ceux-ci. Il y a de ces Priapes qui sont ailés; d'autres qui représentent un animal, dont chacune des parties seroit Priape, sa tête, ses pieds, &c.

Il ne faut pas croire que ces figures fussent absolument une suite du déréglement des mœurs des Anciens. Le Peuple, & sur-tout les femmes Grecques, avoient attribué à Priape, qui étoit honoré fous le titre de divinité, la vertu de faire engendrer, & de procurer un accouchement heureux & facile. C'eſt cette idée qui engageoit les femmes à porter à leur cou, comme par une eſpece d'invocation, l'attribut du Dieu qui pouvoit mieux donner l'idée de la fécondité. De-là les Priapes ſont devenus des ornements d'appartement : on en a mis ſur des édifices, & à des morceaux d'Architectures. (Voyez *les Antiquités de Nîmes.*).

Les Romains regardoient auſſi l'image de Priape comme un préſervatif contre tous les malins eſprits, les enchantements, &c. Pline (Hiſt. Nat. Lib. XXVIII, Cap. IV, p. 450;) & Goropius Becanus, (*Origines d'Anvers*, p. 26.) prétendent que les femmes d'Anvers les plus reſpectables invoquoient ou appelloient Priape à leur ſecours au moindre funeſte événement.

Au reſte, je ne prétends pas donner à

penser qu'il n'y eût point de libertinage chez les Romains, & que les vices les plus grands n'y fussent pas admis. Une Sculpture trouvée dans ces fouilles me démentiroit; à moins qu'on n'aimât mieux dire encore que l'exemple d'un Sculpteur libertin ne doit pas servir à caractériser toute une Nation. Le morceau antique dont je parle ici, est dans une armoire fermée; étant de nature à ne pouvoir pas rester en vue. Consultez *les Mémoires de l'Académie des Sciences*, année 1757, *pag.* 370.

Sixieme Salle.

On a garni la sixiéme Salle de quantité de grands *landiers* de fonte, qui ont des tiges de 4 & 5 pieds, & qui servoient probablement à porter des lampes. (*Pl.* 1, *Fig.* 25.).

Un *arbre* de cuivre fondu, garni de beaucoup de branches, paroît aussi avoir été destiné à recevoir plusieurs lampes qu'on y suspendoit.

On voit sur une table antique, une espece de *bouilloire*, d'une invention fort simple, & dont la commodité étoit de chauffer de l'eau très-promptement. J'en ai fait graver le plan, *Fig.* 21, *pl. I: a*, est une espece de tour creuse, de 8 pouces de diamétre & de 15 pouces de hauteur : on l'emplissoit d'eau, en levant un couvercle qui servoit aussi à fermer l'ouverture de la tour. *b* est une portion de cercle qui n'a que 6 pouces de profondeur, & un pouce de largeur, ou de vuide, en-dedans. Cette espece de gouttiere *b*, communique à la tour *a*. Le robinet *c*, est placé sur le côté de la gouttiere. *d*, *d* est le foyer quarré, où l'on mettoit le charbon ou le bois, en le rangeant dans la partie creuse *b*, *c*. L'eau ayant dans ce tuyau peu d'épaisseur, & étant exposée au feu dans une surface fort large, devoit chauffer très-promptement. Ainsi ce vase devoit être commode pour les cabinets de propreté, &c. A mesure que l'on tiroit de l'eau par la cannulle *c*, elle étoit remplacée par celle de la tourelle *a*. Comme le foyer est très-grand, peut-être le destinoit-on à faire chauffer quelqu'autre chose au même charbon.

On voit, dans la même Salle, une autre espece de bouilloire de fonte, semblable à celles qui sont d'usage en Angleterre, en Flandre, &c. C'est un gros cylindre au milieu duquel est une toureile qui est ponctuée dans la Figure 22. & où l'on met le charbon. L'eau est dans la bouilloire, & environne la tourelle; il y a une cannulle pour l'en tirer. Cette bouilloire simple, qu'on a introduit en France depuis peu, dans les cabinets de toilette, & dans de grandes cuisines, n'est que renouvellée, puisqu'on s'en servoit il y a environ XVII siécles.

Il y a aussi dans cette Salle un retranchement, où l'on a réuni ce qui pouvoit avoir rapport à la *cuisine*. On y voit un *fourneau* (*Fig.* 14, *Pl. III.*) conſtruit exactement d'après une eſpece de *potager* trouvé à Pompeii en trop mauvais état pour en permettre le tranſport. Une partie ſert de table *a*, *a*, & eſt carrelée. Sur la gauche, on voit le potager, contenant trois ou quatre fourneaux *b*, *b*, *b*, propres à recevoir des caſſeroles. Les ouvertures en ſont de différentes grandeurs, & conſtruites de façon à permettre que les caſſeroles y entrent. Il y a de petites échancrures à chaque fourneau, pour donner paſſage à l'air. Le bois, ou le charbon, ſe mettoit par des ouvertures *e*, *e*, *e*, faites au-deſſous de la table. En face, dans l'autre angle *c* de la table, étoit un fourneau ſéparé & bien plus grand, où devoit ſe placer une marmite. Il paroît, par cette conſtruction, que l'on y brûloit du charbon ou du bois fendu. De grandes arcades *d*, *d*, *d*, qui ſont au-dessous de celles dont nous venons de parler, lui servoient de magasins. On voit dans la *Figure*. 14, *Pl. III*, le plan, l'élévation & le profil de ce potager ancien.

Il y a encore plusieurs vaisseaux de cuisine, dont les uns sont en terre, d'autres en cuivre, & de toutes grandeurs. Les *casseroles* en cuivre sont très-profondes, eu égard à leur largeur. Les plus grandes ont 6 à 7 pouces de diamétre, & 4 à 5 pouces de profondeur. Il y a des *poélons*, des *marmites* & des *passoires*, de la même forme que les nôtres : une de ces *passoires* a les ouvertures fines, & l'ouvrage en est assez terminé, les trous assez bien évidés, pour faire juger qu'elle auroit pu servir à passer quelques substances fines, telles que du sucre en poudre. Ces couvertures sont à compartiments agréables, & ressemblent aux cuillers à sucre dont nous nous servons maintenant.

Il y a aussi une espece de *griffe*, pour tirer les viandes du pot (*Fig.* 24, *Pl. I.*)

Parmi ces ustensiles de cuisine, on a mis un vase plat de la forme, à peu près, d'une *léchefrite*, ou d'une *tourtiere* où sont plusieurs formes creuses, destinées à y faire cuire des œufs, & en faire ce que nous appellons *des œufs sur le plat*. Cette maniere est encore en usage en Italie, où elle s'est conservée : on y sert les œufs dans le même vase où ils ont été cuits (*Fig.* 23.); & l'on ne risque pas de noircir les plats d'argent, ou de casser ceux de terre. Il y a en France quelques maisons où l'on emploie, au même usage, un plat à peu près semblable à cet ustensile d'Herculanum.

Tous les vases, comme casseroles & chauderons, qui servoient pour la cuisine, étoient garnis en-dedans d'une couche d'argent. Nous étamons le cuivre; les Anciens l'argentoient. Cette remarque

F

n'a point échappé à M. de la Condamine (*Mém. de l'Académie* 1757, pag. 370). C'est une précaution sage, que des exemples funestes & trop communs de nos jours devroient rappeller. Il est décidé que l'étain n'est pas un métal sain, * & il ne dure que peu de temps, lorsqu'on l'emploie à étamer les ustensiles de cuisine.

Ceux que l'on a trouvé argentés, qui se sont bien conservés, & que le verd-de-gris semble n'avoir pas attaqué, pourroient donner des connoissances sur les moyens plus sûrs & plus durables que les Anciens employoient pour couvrir le cuivre & l'argenter. Il semble que nous les ayons perdu, ou au-moins que nous ne les possédions pas aussi parfaitement que les Romains **.

---

* M. Margraff a prouvé que tout étain contient de l'arsenic.

** Il s'est établi depuis peu des Manu-

Outre les uftenfiles ci-deffus, il y a encore des *emporte-pieces* (*Fig.* 15, *Pl. I.*), pour découper les pâtes : la fomptuofité & la délicateffe dans les repas font donc prefque de tous les tems.

Il y a auffi un *gril* de fer, pareil à ceux dont nous nous fervons pour faire cuire les viandes.

On voit enfin dans cette même Salle, des *mortiers* (*Fig.* 13, *Pl. III,*) qui ont peu de profondeur. Il y en a de plufieurs grandeurs, & la plupart ont des pilons recourbés pour fervir de poignée ; ce qui pourroit faire croire que les Anciens étoient dans l'ufage de broyer beaucoup de leurs mets.

On a réuni à ces uftenfiles de cuifine, un grand *baffin* en fonte, de trois pieds de diametre, & de quatorze pouces de profondeur.

───────────────

factures où l'on argente le cuivre. Nous défirons pour le bien de l'humanité que les Ouvrages qui en fortiront, réuniffent les qualités qu'ont les vafes d'Herculanum,

F ij

Pour passer de cette Salle à une septiéme, on suit un corridor où l'on a mis plusieurs *landiers* fort élevés, & d'une forme peu agréable (*Fig.* 25. *Pl. I.*), des *chaises curules*, des especes de *tabourets* pliants qui ont été décrits dans d'autres Traités d'Antiquités; enfin, des *vases* propres à contenir l'eau lustrale, & que les Anciens plaçoient à l'entrée de leurs Temples (*Fig.* 26, *Pl. I.*).

Septiéme Salle.

On voit dans cette Salle deux grandes figures en bronze, représentant des *Gladiateurs* au moment où ils vont lutter. Ces figures m'ont paru être de bonne main : on y reconnoît les belles proportions, le choix des attitudes, & l'expression de l'antique.

On a joint à celles-ci plusieurs petites figures de bronze, entre lesquelles on remarque un *Apollon*, un *Dieu Egyptien* & un *Hercule*.

Huitiéme Salle.

Au milieu de la huitiéme Salle est placé un beau *vase* de 4 pieds de diametre, de marbre blanc : il est d'une forme très-agréable, bien travaillé & d'une belle conservation : ce vase a ses anses. On voit encore ici plusieurs autres petits vases.

Il y a de plus, une *Vénus pudique*, en marbre blanc, de 18 pouces de hauteur ; une autre femme sortant du bain ; deux grandes figures en terre cuite qui représentent, l'une un Jupiter, & l'autre une femme, elles sont colossales, & ont sept pieds de hauteur.

Auprès de cette Salle j'ai vu de belles *colonnes* de marbre verd antique, & d'autres d'albâtre, qui étoient destinées à orner le superbe Palais du Roi, nouvellement bâti à Caserte. Il y avoit aussi des parties de *colonnes* tirées d'Herculanum, qui étoient faites en *mosaï-*

que, & de pierres de différentes couleurs ; on se proposoit de les envoyer à la fabrique de Rome, pour, d'après ce modéle, en faire exécuter de semblables en émaux *.

Neuviéme Salle.

On a mis au milieu de ce neuviéme cabinet, un *Faune* en bronze, grand comme nature. Il est couché sur une outre.

Les armoires de ce cabinet contiennent différents morceaux tirés des fouilles d'Herculanum ; tels que de petits *vases* en argent ; un *bas-relief*, aussi en argent ; des *gobelets*, des *cuillers*, dont une a le manche recourbé, & paroît avoir été destinée pour les libations (*Fig.* 27. *Pl. I.*)

Un petit *cadran* solaire qui a la forme d'un jambon, & que l'on peut suspen-

---

* *Voyez* l'Art de fabriquer les Mosaïques, que je joins à cette dissertation.

dre par un anneau ; la queue de l'animal sert de Gnomon. On a donné dans l'Encyclopédie une description de ce cadran au mot *Gnomonique*. On peut aussi consulter ce qui en est dit dans la Préface du troisième volume des Antiquités d'Herculanum ; *Le Pitture antiche*, &c., déja cités.

Je serois entré dans de plus grands détails sur ce morceau, si mes foibles connoissances en cette partie me l'eussent permis ; je laisse à d'autres Voyageurs, qui feroient de la Gnomonique leur étude particuliere, le soin de nous instruire de l'état où étoit déja porté cet Art chez les Anciens. Pline *Lib.* 7, *Cap. ult.* dit que le premier cadran solaire qu'il y ait eu à Rome, fut placé au Temple de Quirinus, élevé du temps de Numa, & réparé sous Lucius Papyrius, Consul *.

---

* J'indiquerai seulement ici une lettre du R. P. Jacquier, Astronome très-instruit,

On a auſſi trouvé dans les fouilles d'Herculanum, des *camées* très-bien gravées ſur *agates*, *agates onyx*, & ſur *ſardoines*; & des *monnoies*, dont quelques-unes avoient été frappées ſous Néron; d'autres ſous Titus; enfin, des *anneaux d'or* (*Fig.* 31, *Pl. I.*) qu'on mettoit au bras; d'autres anneaux, des *bagues*, des *colliers*, une eſpece de *plaque d'or* (*Fig.* 32.) que les femmes portoient à leur cou, & des *braſſelets* d'argent doré. On n'a juſqu'ici trouvé, que je ſache, aucuns diamants blancs; mais une *hyacinthe*, une *améthyſte* & une *topaze*.

Correſpondant de l'Académie Royale des Sciences qui a été inſérée dans la Gazette Littéraire. Vol. V, année 1765, pag. 295.

Le P. Boſcovich trouva, en 1742, ſur le haut de Tuſculum, un cadran ſolaire dont on peut voir la deſcription dans le *Giornale de Letterati di Roma*, 1746. Voyez encore la deſcription que M. le Roi, a donnée d'un cadran ancien trouvé dans les Ruines des Monuments de la Gréce.

On voit encore dans ces armoires, des *aiguilles* ou *épingles* d'argent fort longues, qui fervoient à retenir les cheveux du chignon des femmes. Les Dames Romaines en faifoient grand ufage : les femmes & filles du commun s'en fervent encore aujourd'hui en Italie, & cet ufage eft établi dans quelques parties de la Bourgogne, en Franche-Comté, & dans toute l'Allemagne : les femmes treffent leurs cheveux, & forment leur chignon avec cette treffe contournée & retenue par plufieurs de ces épingles. *Voyez* Apulée, (*Adufum Delphini*.) Métam. Lib. VIII, pag. 244, lin. 15, *ad hunc modum*, &c. ; & Martial, Epigr. 24, Lib. IV, *figat acus, tortas fuftineatque comas*. Les bijoux en argent ont été trouvés dans une rue de Pompeii, au milieu de plufieurs cadavres.

On a raffemblé dans une armoire de ce cabinet, des *fruits* de différentes plantes, qui ont été trouvés à Herculanum. On y voit beaucoup d'*amandes* encore dans leur enveloppe, avec toutes les marques, les fillures & les nervures qui caractérifent l'enveloppe ligneufe de ce fruit. Il y a auffi des *noyaux* de pêches & d'abricots; ainfi ces deux arbres étoient connus à Herculanum; l'un originaire de Perfe, l'autre de l'Arménie. On y a joint des fruits du *figuier*; des boutons & des fleurs de *grenades*, dont les Anciens fe fervoient en Pharmacie, & que l'on connoiffoit fous le nom de *Balauftia*. Nous en faifons auffi quelques ufages.

On dit qu'il y a des *trochifques* préparés fuivant les régles de la Pharmacie alors en ufage.

On conferve dans ces armoires, du *vin* trouvé à Herculanum. Il étoit dans un vafe de terre fur lequel eft écrit: *Herculani Nonius*. Ce vin reffemble à un morceau de verre noir, ou plutôt à une fcorie de matiere vitrifiée. Il eft solide, transparent & percé de trous; je le crois réduit en une espece de tartre: son noir tire sur le violet. J'aurois désiré qu'il m'eût été permis de m'assurer du changement qu'il a éprouvé (*Fig. 34 & 35.*). On peut dire généralement que les vins d'Italie sont épais, spiritueux & très-colorés. Tel est celui qui est connu sous le nom de *Lacryma Christi*, que l'on recueille au bas du Vésuve, & près du lieu où étoit Herculanum. Plusieurs Auteurs ont écrit qu'il y avoit des vins si épais, que l'on ne pouvoit les boire qu'en les faisant fondre. Pline, *Lib. XXIV, Cap. 4, pag.* 714*. assure qu'on en avoit conservé près de 200 ans, qui avoit acquis la consistance du miel.

Il y a dans la même Salle, 1° une *pomme de pin*, de l'espece connue sous le nom de *pin cultivé*, ou *pin pignon*:

---

* *Fuit omnium generum bonitas, &c.*

elle est encore actuellement très-commune dans l'Italie. On a conservé des graines ou semences de pareils fruits, qui ont été trouvées à Herculanum. On mange de ces pignons en Italie ; on les met dans les ragoûts, auxquels ils donnent souvent un goût d'huile rance ou de térébenthine. Nos Médecins les emploient assez souvent en tisanes.

2° Des fruits ou gousses de *caroubiers*. Cet arbre est commun en Italie & en Provence, & connu des Botanistes sous le nom de *Siliqua edulis*, C. B. Les enfants en mangent le fruit.

3° Du *grain*, qui a conservé toute sa forme. Il est noir : lorsqu'on le touche, il paroît un peu gras sous les doigts, & s'y réduit en une poudre fine.

4° Deux *pains* très-bien conservés, un peu différents par la forme de ceux que l'on fait aujourd'hui : ils tiennent plutôt des pains ronds de pâte ferme (*Fig.* 11, *Pl. II.*), que l'on destine pour nos cuisines. Je crois que sur l'un de ces pains est écrit : *Ceris Q. crani veri Ser.* *. On sçait que chez les Romains, c'étoit la fonction des esclaves ou des affranchis, de faire le pain. On nous a dit qu'il y avoit aussi un morceau de *levain*.

5° L'on y voit une bouteille qui contient de l'*huile* : elle est blanche, solide, grasse sous les doigts, & se manie encore. On croira aisément qu'elle y laisse l'odeur d'une huile rance. Il y a tout lieu de penser qu'elle a été tirée des olives, parce que toute autre huile en vieillissant, & principalement ayant été exposée à la châleur, se seroit réduite en mucilage.

---

* D'autres personnes ont écrit qu'elles avoient lu sur ces pains : *Seligo C. Granii F. Cœre.* Je pourrois m'être trompé.

6° De la *poix*. Depuis que celle-ci a été apportée au Muséum, la chaleur l'a fondue, & l'a fait couler, elle s'est liquefiée. Cet événement a dû lui arriver dans le moment du désastre de la ville ; mais, comme elle étoit dans un vase, elle s'est fondue sans se perdre.

7° On garde dans une armoire, des *semelles* de souliers faites avec une corde lacée. *Fig. 33. Pl. I.* On croit cependant que la chaussure la plus ordinaire des Grecs & des Romains étoit de cuir. Les Egyptiens la faisoient avec le papyrus ; les Espagnols avec le sparte tissu ; les Chinois & Indiens avec le jonc, la soie ou le lin. On porte encore aujourd'hui, dans certaines parties de l'Espagne, des semelles faites de cordes de chanvre ou de sparte ; &, suivant Pline, ce sont les Bergeres Espagnoles qui donnerent l'idée des souliers de jonc & de genêt *. Les Car-

* *Spartum lygeum*, Lin. Spec. Plant 78.

mélites, suivant les régles de leur ordre, doivent porter des fandales de corde : on les nomme *fpargates* ou *efpargates*, peut-être à caufe de la plante appellée *fparte*, avec laquelle on les faifoit principalement.

On a mis dans cette même armoire, des moules en bois, propres à former l'intérieur des *boutons* d'habits : ils ne different des nôtres qu'en ce qu'ils font plus gros.

On y peut auffi obferver un morceau de *galon* trouvé à Herculanum. Je l'ai examiné avec attention : il eft fait d'or pur, & n'eft point formé comme les nôtres, avec de l'argent doré, pofé fur un fil de foie qu'il enveloppe : ici ce font deux fils d'or treffés & retenus par une trame : c'eft une toile de fil d'or. Dans l'Inde, on tire encore l'or pur, & l'on en forme des galons en les treffant (*Fig.* 29, *Pl. I.*)

On a trouvé dans ces Villes fouterreines, du *rouge* que l'on dit avoir été à l'usage des Dames de ce temps. Il est constant que cette mode est fort ancienne ; & l'on pourroit aisément s'assurer de la nature du rouge que l'on conserve dans le Museum. Je croirois qu'il étoit plutôt destiné à la Peinture ; parce qu'on a trouvé de *l'ochre* & de *l'azur* fort près du lieu où étoit le rouge. On a mis ce rouge dans un vase de cryftal de roche, ce qui a fait croire à plusieurs voyageurs que le vase étoit aussi antique ; mais il est très-moderne.

Pline dit que les Dames Romaines se coloroient le visage avec une espece de *fucus* qui venoit de Syrie, & qu'on l'employoit encore à la teinture des laines en rouge. Théophraste rapporte que les Grecs avoient appellé *fucus*, tout ce qui coloroit la peau ; mais que la plante qu'on apportoit de Syrie en Gréce, se nommoit *rhizion cyrenai-cum*,

cum, ριζέιον Χυρεναικὸν. On ignore le genre de plante auquel on doit la rapporter. Quantité de fucus pris fur nos côtes, donnent le plus beau rouge. Mais, comme cette racine s'employoit feche, il femble qu'on pourroit conjecturer que ce feroit celle de la *garance*. Les Auteurs anciens citent les teintures en bleu & en pourpre qui fe faifoient à Pouzzoles.

Les Grecs & les Romains avoient une fubftance métallique, dont ils compofoient le fard ou le blanc, qu'ils nommoient auffi *fucus*; c'étoit la cérufe. On prétend qu'ils coloroient cette cérufe, ou fimplement de la craie, en rouge avec l'écume de la pourpre, (*Murex*) efpece de coquillage très-connu, fur-tout dans la Méditerranée.

Une épreuve faite avec une partie du rouge d'Herculanum, nous apprendroit fi les Anciens connoiffoient le vermillon & le cinabre: les Auteurs n'ont point parlé de cette préparation. *Voyez* les

G

Mémoires de l'Académie des Inscriptions, Tom. IV, pag. 236. &c; & ce que Juvenal, Satyre II, vers 93, dit des *Bapts* d'Athénes. Dans une édition de Hollande, *in*-12, il y a une faute typographique : on y a écrit *Bapses*; & cette faute a été répétée dans l'Encyclopédie.

On connoît le rouge & le blanc dont les Dames Romaines se servoient, par ce Vers de Plaute, Mostell. Act. 3, Sc. 1, vers 118 :

Vetulæ, edentulæ, quæ vitia corporis fuco occulunt.

Et ceux-ci ; Hor. Epod. Od. XII. v. 10:

. . . . . . Nec illi
Jam manet humida creta, colorque
Stercore fucatus crocodili. . . .

On voit par ce dernier Vers, que l'on formoit une espece de fard avec les excréments du crocodile. On fait, par le rapport de Pline, Hist. Nat. Lib. 35, Cap. XVI, lin. 8, *Est in medicaminibus*, &c. que les terres de Chio & de Selinante servoient de blanc aux Dames, après avoir subi, sans doute, une préparation. Ne feroit-ce pas cette terre qu'Horace appelloit *Creta*?

On a trouvé à Herculanum, des *filets* ou *reseaux*, qui font partie de cette collection. Je m'étendrai un peu sur cet article; il est susceptible de quelques nouvelles recherches.

Ces filets sont détruits & fort noirs: les mailles en sont petites; le fil avec lequel on les a formés, est très-fin. Il y en a qui ont peu d'étendue; d'autres, qui ont les mailles plus larges, sont plus grands. Je soupçonne que les Romains employoient les premiers dont nous avons parlé, à envelopper leurs cheveux pour les retenir sur leurs têtes : ils leur avoient donné le nom de *reticula* ou *vittæ* *. Les Espa-

---

* Quelques figures antiques ont leurs cheveux enveloppés & retenus par ces *reticules* ou reseaux. Ovide, Liv. I, de ses *Métamorphoses*, semble dire qu'ils servoient dans les toilettes négligées.

Vitta coercebat positos sine lege capillos.

gnols & les Provençaux, dans le bas peuple, en portent encore de pareils. Les Grecs les appelloient Κεκρύφαλ⊙. Homere se sert de ce nom pour les désigner (Iliad. Liv. XXII, vers 469.) ce que les Traducteurs ont rendu par *reticulum*. Julius Pollux en parle, Lib. V, Cap. 16, Segm. 95. Les autres filets plus grands pouvoient servir aux *Oiseleurs* ou pour la *pêche*.

Plusieurs Auteurs prétendent qu'entre les filets à prendre les poissons, ceux qui étoient les plus légers, & faits d'un fil très-fort, quoique bien fin, étoient de byssus, ainsi que ces reseaux dont on se servoit pour retenir les cheveux. Pausanias (Lib. VII, Cap. XXI, pag. 578, Edit. Lips. 1696, *in-fol.*) dit que les femmes de Patras faisoient ces ornements ou reseaux avec le byssus. Le même Auteur, (Achaica, pag. 228, Ed. Græc. Francofurti 1583, &c.) dit: « Il y a

„ dans Patras la moitié plus de fem-
„ mes que d'hommes....... La plu-
„ part gagnent leur vie à travailler le
„ byssus, qui croît en Elide. Elles en
„ font des coëffures (ou en vieux
„ françois couvre-chefs), & d'autres,
„ des vêtements ».

Le mot de Κεκρύφαλ‍ que les Latins ont exprimé par *reticulum quo mulieres crinem suum compescunt*, a été traduit dans les Dictionnaires nouveaux par *ruban*, *bandelette*, quoique sa vraie signification fût plutôt *filet* ou tissu maillé, ou proprement un *réseau*.

Des Auteurs anciens disent que les ouvrages faits avec le byssus, se vendoient plus cher que le poids de l'or. Mais ils nous laissent dans l'incertitude sur la substance qui servoit à le former. Etoit-ce la soie du poisson à coquille connu sous le nom de *pinne marine*; comme l'ont cru quelques Traducteurs; ou un fil fait avec l'amiante ou l'asbeste, comme l'ont pensé des Auteurs modernes; ou enfin, seroit-ce une espéce de lin qui, par sa finesse & la beauté du fil qu'on en formoit, eût mérité particuliérement d'être cultivé? C'est ce qui sembloit digne de recherches.

M. de Jussieu, & M. le Comte de Caylus, ont éclairci ce point historique des Arts. Il résulte de leurs travaux, que le byssus étoit une espece de lin plus fin & plus choisi que le lin commun.

On peut trouver presque toutes les connoissances que les Auteurs anciens nous ont laissées sur le byssus, rassemblées dans un Traité qui a pour titre: *Olavi Celsii Hiero-Botanicon*, Upsal. 1745, Part. I, pag. 507, aux mots: *bad, linum, byssus*; & Part. II, à ceux de *byssus*, butz, PSCHTA, pag. 283.

Il faut être prévenu que plusieurs Auteurs donnoient le nom de *byssus* au fil fin, de quelque substance qu'il fût formé, puisque Pline cite le *byssus* de *coton*, celui de *soie*, & celui de *chanvre* ou de *lin*. Julius Pollux dit positivement (Lib. VII, Cap. XVII, segm. 75.) que le byssus des Indiens est une espéce de lin. Suivant Pausanias, Lib. VI, pag. 362, il est fait avec une plante qui ressemble au chanvre ou au lin : & Pline, Lib. XIX, Cap. I, l'appelle *linum byssinum*.

Il paroît donc que tout lin ne pouvoit pas être appellé *byssus*; mais que le byssus étoit une espéce de lin qui ne venoit pas aussi bien dans tous les pays, & qui étoit moins commun. Tel étoit le Byssus d'Elide, dont parle Pausanias, (Eliac. Lib. I, pag. 151, Edit. Græc. Francofurti, 1583, & Lib. II, pag. 205 ; & Achaic, pag. 228.

Ainsi on cultivoit anciennement dans le territoire d'Elide, en Achaïe, une plante que les Grecs nommoient βύσσ☉, & qui ne croissoit nulle part aussi belle, suivant Pausanias, que dans cette contrée, exclusivement à toute autre de la Grèce. Cependant l'Elide n'étoit pas le seul pays où l'on cultivât le βύσσ☉, puisqu'il paroît par différents passages répandus dans les Livres Saints que, long-temps avant l'époque de l'ére Chrétienne, il étoit cultivé non-seulement dans la Judée & la Syrie, mais aussi dans l'Egypte.

On tiroit de cette plante une matiere filamenteuse, ou, comme on a lieu de le présumer, une espéce de filasse extrèmement fine, que les Grecs appelloient βύσσ☉; les Hébreux, les Chaldéens & les Syriens, *butz* ou *buts*; nom dont il est souvent fait mention dans le texte Hébreu de l'Ecriture-Sainte, & qui est toujours rendu par celui de βύσσ☉ dans la version Grecque qu'en ont donné les Septante; de *byssus* dans la Vulgate; de *fin lin*, dans les traductions françoises les plus estimées ; expression sans doute empruntée des mots latins, *linum subtile*, que des interpretes du texte sacré avoient déja employée pour désigner le byssus.

La principale qualité du βύσσ☉, celle qui le faisoit singuliérement estimer & rechercher, consistoit dans la délicatesse des filaments qui composoient cette filasse précieuse. Elle étoit d'une couleur jaune, dont Pausanias ne détermine pas la nuance : « A l'é-
» gard du βύσσ☉, (dit cet Auteur,)
» qui croît en Elide, il ne le céde point
» pour la finesse à celui des Hébreux ;
» mais il est moins jaune, » (ou plutôt, il n'est pas de la même couleur jaune, si l'on veut traduire littéralement les paroles du texte :) différence que Pausanias indique seulement pour faire connoître que le βύσσ☉ d'Elide étoit

inférieur à celui des Hébreux, eu égard à sa couleur *.

Au-reste, quelle qu'ait été la variété de la couleur jaune du βύσσος dans les différents pays où on le cultivoit, il y a apparence que les moyens qu'on employoit pour mettre la plante dans un état où l'on pût en séparer la partie filamenteuse, contribuoient beaucoup à lui donner différentes nuances de couleur jaune; & les Auteurs anciens nous laissent tout à désirer sur la préparation du byssus.

Concluons donc que le byssus étoit une espece de fin lin, & que ceux qui ont traduit ainsi les endroits de l'Ecriture où il est parlé du byssus, & particuliérement celui de S. Luc, Chap. XVI, ℣. 19, qui représente le mau-

---

* Calepin cite plusieurs autorités pour prouver que ces filets destinés à la coeffure étoient de couleur jaune.

vais riche couvert de fin lin, ont pris la vraie signification du terme.

Je me suis beaucoup étendu sur le byssus des Anciens, croyant faire plaisir au public de lui communiquer des lumieres que je dois à M. de Jussieu sur un objet qui méritoit d'être éclairci.

Les Auteurs anciens qui ont écrit que les ouvrages faits avec le byssus se vendoient plus cher que le poids de l'or, auroient-ils voulu déja parler de la fabrique des *dentelles* qui se faisoient avec le fil de lin le plus fin ? Je ne donne ceci que comme une simple conjecture ; car il seroit toujours vrai de dire que ces Auteurs se seroient expliqués bien confusément sur cet Art.

Dixiéme Salle.

Le dixiéme cabinet ne contient que plusieurs petites figures de bronze ; des *Idoles* ou des *Divinités* ; & de petits bustes. Il y a aussi une statue de 18 pouces environ de hauteur, qui repréfente un Général d'armée fur fon cheval, & qu'on a cru être *Alexandre*.

Onziéme Salle.

Dans un autre petit cabinet proche de celui-ci, & qui eft le onziéme, on a placé des *Mofaïques*. Je n'entrerai dans aucun détail fur celles-ci, parce que le travail n'en eft pas bien fini. D'ailleurs, elles font déja gravées dans la defcription du Mufeum.

On a découvert depuis peu une Mofaïque d'environ dix-huit pouces de hauteur fur douze de largeur, que nous vimes en 1763. Celle-ci eft mieux travaillée : elle repréfente plufieurs Acteurs jouant une fcéne de Comédie; l'un joue de deux flutes; un autre, des caftagnettes ; & un troifiéme frappe fur un tambour de bafque. Ces figures font mafquées ; au haut eft écrit :

Διοσκοιδης Σαμι⊙ εποιησε.

Cette peinture ancienne peut jetter quelques lumieres fur les mafques dont les Acteurs fe fervoient dans les fcénes de leurs piéces de théâtre; fur les deux flutes qui différencioient les piéces ; enfin fur les habillements des Acteurs.

Nous avons depuis vu cette Mofaïque annoncée dans les Gazettes. Les pierres qui la compofent font des cailloux, des marbres colorés, & des pâtes de différentes couleurs *.

On a mis dans cette falle une figure de marbre blanc, qui eft repréfentée debout. J'en parle feulement ici pour indiquer que les Anciens peignoient fouvent une partie des draperies de leurs figures; celle-ci eft peinte en rouge.

Dans le milieu de la même Salle, on voit une belle figure en bronze de grandeur naturelle, repréfentant *Mer-*

---

* J'ai cité cette Mofaïque dans la Defcription de l'Art de les fabriquer, que je joins à cette Differtation.

cure posé sur un rocher qui a été fait depuis pour placer la figure antique. Le P. Paciaudi, habile Antiquaire, en a parlé dans une Dissertation imprimée à Naples en 1747.

Il y a aussi deux daims en fonte, assez mal dessinés. Enfin l'on y voit encore quelques autres figures.

Douziéme Salle.

On voit dans le douziéme & dernier Cabinet un *pavé* ou *parquet* fait en Mosaïque, tiré des Villes souterreines dont nous avons déjà parlé. Nous citons celle-ci parce qu'elle a rapport aux autres morceaux antiques que l'on a renfermés dans cette Salle. Cette *Mosaïque* représente l'enceinte d'une ville de guerre : on y voit des murs flanqués d'espéces de tours. Du côté de la porte est écrit : SALVE.

Cette Salle contient les ustensiles de guerre qui ont été découverts à Pompeü dans une des chambres du quartier des foldats : elle devient intéreffante, parce qu'elle peut nous inftruire de la maniere dont on s'armoit dans ces temps reculés. Il y a deux *cafques*, des *cuiraffes*, des *braffards*, &c.

On peut conclure, d'après les remarques que nous venons de faire, que les Anciens avoient, il y a plus de dix-fept cents ans, des connoiffances fort étendues fur la fonte des métaux; qu'ils favoient principalement purifier le cuivre ; qu'ils connoiffoient plufieurs façons de l'allier; qu'ils le jettoient en moule, qu'ils le foudoient ; enfin qu'ils n'ignoroient pas le moyen de le dorer, de l'argenter, de dorer l'argent, de cifeler les métaux & de les incrufter.

ARTICLE II.
DES PEINTURES.

LA SALLE où font les Peintures est de l'autre côté du Palais de Portici; il faut entrer dans le château, & passer à l'aile gauche pour y monter.

Dans une premiere Salle, on a rassemblé plusieurs affiches, enseignes ou écriteaux, dont la plupart paroissent indiquer des auberges. Sur l'une de ces enseignes, après quelques mots effacés, on lit en couleur rouge :

Locantur
Banneum venerium
Et non gustum tabernæ pergulæ, &c.

Les mots effacés empêchent, sans doute, d'expliquer ce que signifie cette annonce. Liroit-on *Balineum* ou *Balneum*? Alors c'auroit été peut-être un lieu consacré à Vénus, en même-temps que destiné aux bains; un lieu de débauche

bauche, tel que le *Bagno* des Anglois; ceci eſt d'autant plus probable, que les Auteurs anciens citent pluſieurs Villes de Campanie, & principalement celle de Baies, comme des lieux de volupté & de licence.

On a trouvé, en fouillant Herculanum & Pompeii, une ſi grande quantité de Tableaux, qu'il ſeroit impoſſible de les décrire tous ici. D'ailleurs c'eſt une partie de l'ouvrage fait à Naples par ordre du Gouvernement, qui eſt déja entre les mains du Public, & ſur laquelle je laiſſe les Maîtres de l'art prononcer par rapport au mérite des Peintres auxquels on les doit: je me bornerai ſeulement ici à conſidérer le manuel de leurs travaux, qui feront toujours reſpectables par leur ancienneté.

Une grande partie des peintures d'Herculanum ſont ſur une eſpece de Stuc: &, d'après l'examen que j'ai fait de plusieurs morceaux tirés de cette Ville, ce Stuc est formé d'un mortier de Pozzolane lié avec de la chaux, & couvert d'un enduit très-mince de briques pilées, passées & tamisées, que l'on a encore rougi avec du cinabre ou du vermillon. Voyez Pline, Liv. 33. Ch. 7.

La couleur se déteint quand on passe une eau dessus; ainsi elle est en détrempe. Il est singulier que ce soit l'espèce de peinture sur laquelle le temps ait eu le moins de prise, & où il n'a même produit aucun changement. Si ces peintures étoient faites à fresque, elles auroient pénétré plus profondément dans le mortier, au-lieu qu'elles ne sont que superficielles; ce qui prouve qu'elles sont seulement peintes à la gomme.

Trois salles sont garnies de ces Tableaux. Je ne citerai ici que ceux qui ont quelque rapport aux Arts, & quelques-uns de ceux dont on a déja parlé dans les Antiquités d'Herculanum. Tels sont la dispute d'Oreste & de Pilade, gravée dans le Tome I. des Antiquités : Théfée vainqueur du Minotaure, gravé dans ce même Volume : le Centaure Chiron, qui enseigne à Achille à toucher de la Lyre ; (*Cithara* ou *Lyra*) ; on peut consulter le premier Volume du recueil de ces peintures, & comparer la description que donne Pline, Liv. V. pag. 728. ligne 9. pour reconnoître si c'est le même Tableau dont cet Auteur a parlé.

On peut dans le nombre examiner un Tableau qui suffit, je crois, pour déterminer positivement ce que c'est que les ruines qui sont encore devant Baies, & que l'on regarde comme les restes d'un Pont que Caligula vouloit construire pour traverser ce bras de mer en face de Pouzzoles. Ce Tableau donne lieu de penser, que ces restes ne sont autre chose que ceux d'un

Môle que Caligula avoit fait élever, pour charger plus aifément les bâtiments de mer. Près de ce Môle, un peu plus fur la droite; on voit dans le Tableau un édifice dont les fondations, (fi c'eft Pouzzoles que le Tableau repréfente), fubfiftent encore aujourd'hui. C'étoit une arcade proche d'une tour qui fervoit de fanal. On voit dans le Tableau qu'il y avoit une colonnade le long du Môle, & une efpèce de galerie qui s'élevoit fur la colline pour arriver à la ville.

On n'affure pas dans la defcription qui a été donnée de ce Tableau, qu'il repréfente Pouzzoles : on dit au contraire que quelques perfonnes y reconnoiffent le port d'Oftie, & je m'en rapporte plutôt à leur décifion.

L'Empereur Claude Néron fit bâtir à l'entrée du port d'Oftie un Môle fuperbe, défendu par deux jettées qui s'avançoient dans la mer ; &, ce qui eft intéreffant pour l'Hiftoire des Arts, on avoit fondé ces jettées fur de grands bateaux chargés de maçonnerie qu'on avoit fait couler à fond. On prétend que la barque qui a fervi à apporter à Rome l'obélifque que l'on a pofé depuis au milieu de la Place de S. Pierre, ayant été chargée de groffes pierres, a fervi à faire les fondations du Môle ou fanal dont il fubfifte encore des reftes. Voyez Suetone & M. Deflandes, Effai fur la Marine & fur le Commerce, page 47. On peut encore confulter les defcriptions de quelques ponts qui nous reftent des anciens Romains; celles qui ont été données du Pont du Gard, près de Nifmes, par Gautier, Hiftoire de la Ville de Nifmes, &c.

Dans les Tableaux qui font partie de cette riche Collection, il y a des vaiffeaux, mais qui ne peuvent donner qu'une idée très-imparfaite de l'état où étoit la Marine de ces temps, & de la conftruction des vaisseaux il y a dix-sept cents ans. On peut seulement se représenter la position des rames dans les triremes, quadriremes, &c. On voit, Tome I. des Antiq. d'Hercul. deux Tableaux mal peints, où sont plusieurs bâtiments de mer, un à cinq rangs de rames, (pag. 33. du Vol. IV.); un autre, où les trois rangs de rames sont très-distincts, chaque rame sort par un sabord différent, (pag. 35. de cette description;) & Pl. 2. plusieurs coupes du même bâtiment. La rame inférieure est plus courte en dehors, & se prolonge moins aussi dans le vaisseau; de façon qu'il semble que trois hommes pourroient faire agir les trois rames posées au-dessus les unes des autres, sans que ces rameurs pussent se gêner mutuellement. Voyez Pline, VII. 56. Montfaucon Tome IV. pag. 11. & suiv. Voyez encore sur les *Triremes* l'ouvrage de Fabretti *De Columna Tra-*

jani Cap. V. Deslandes, Essai sur la Marine des Anciens, &c.

On ne peut, je crois, rien décider avec quelque certitude, sur la construction ancienne des bâtiments de mer; mais si l'on porte un jugement d'après ce que l'on voit dans les peintures d'Herculanum, on la croira très-imparfaite.

Un de ces Tableaux offre des fruits posés dans un vase de cryftal, au travers duquel on les apperçoit. (*Pl. I. Fig.* 30). Près de celui-ci, le peintre en a mis deux autres qui semblent de terre, dont un est découvert, & est rempli de raisins; son couvercle est posé à côté. Le second est fermé avec grand soin; une peau est posée entre le vase & le couvercle, & retenue avec des cordes qui passent dans les anses du pot, & se roulent sur la tête du dessus du couvercle. Je crois que les Anciens employoient ce moyen pour conserver leurs fruits : il faudroit essayer s'il réussiroit.

Pline, Lib. XIV. Cap. I. pag. 707. lin. 13. donne la façon de conserver les raisins dans des cruches ; & Lib. XXIII. Cap. I. Tom. 2. pag. 298. lin. 6. Columelle Liv. XII. Chap. 43. pag. 806 & suiv. Edit. Lipf. 1735, *in*-4°, donne la maniere de fermer des cruches pour y conserver des liqueurs, en les mastiquant, & mettant une peau entre le couvercle & le vase : *Confestìm opercula gypsare & pelliculare*. De ce moyen de conserver les raisins dans les cruches (*in ollis*), on appelle les raisins *uvæ ollares*. Stace s'est servi de cette expression dans ses Sylves, Lib. IV. Sylv. IV. vers 42.

Ollares rogo non licebat uvas
Cumano patinas in orbe tortas, &c.

J'ai remarqué un petit Tableau où sont représentés des Génies occupés à faire du vin. L'un d'eux le fait cuire dans un baſſin ſur un fourneau, tandis que d'autres le ſerrent ſous un preſſoir peu compoſé: ils forcent des pieces de bois à entrer dans des jumelles, & à faire l'office de coins: ils frappent avec des marteaux ſur ces pieces de bois. Voyez Tome I. des Antiquités, page 187.

Pline décrit deux eſpeces de preſſoirs, (Lib. 18. Cap. 31.) il paroît par ce que dit cet Auteur, que les preſſoirs étoient déja perfectionnés lorſqu'il écrivoit. Le meilleur qu'a décrit Pline, & qui revient aſſez à nos preſſoirs d'aujourd'hui, eſt à vis ; &, ſelon Pline, ce dernier eſt de l'invention des Grecs: *Inventa Græcanica:* ce qui feroit croire que le Tableau d'Herculanum ne feroit que l'idée d'un Peintre peu inſtruit des Arts Méchaniques de ſon temps. Les Grecs avoient coutume de faire cuire leurs vins : les Romains le font encore pour le vin qu'ils appellent le *Coo*. Columelle & Pline, Lib. XIV. Cap. IX. Tom. I. p. 719. lin. 6. parlent de la manière de cuire le vin, telle qu'elle se pratiquoit de leur temps.

J'ai encore vu dans un de ces Tableaux deux Génies occupés sur un établi de Menuisier : tous deux scient une planche ; un autre morceau de bois est retenu sur la table du Menuisier par un *valet* semblable à ceux dont on se sert aujourd'hui. Voyez Tom. I. des Antiquit. pag. 181.

On voit dans un autre Tableau une femme qui joue aux *osselets*. Julius Pollux Liv. IX. Segm. 99 & 126, nous apprend comment on y jouoit : d'autres Auteurs bien plus anciens en parlent aussi. (Voyez le Tome I. des Antiq. d'Herculanum, pag. 5).

Un Tableau représente un homme & une femme assis sur un lit. Proche du lit, on voit une table à trois pieds, sur laquelle sont une bouteille & des fleurs, & d'autres fleurs répandues sur le plancher. Plutarque parle de cette coutume des Anciens, & sur-tout des Grecs : Voyez Tome. I.

Un de ces Tableaux représente une boutique de *Cordonnier*. Des Génies tiennent des formes ; ils semblent occupés à travailler à des espèces de brodequins. Voyez les Antiquités d'Herculanum, pag. 187, & une Dissertation sur la Chaussure des Romains, dans les Mélanges Historiques & Critiques de M. d'Orbessan, 1769.

Plusieurs de ces Tableaux offrent des figures qui se soutiennent en l'air, & qui sont très-naturelles. Nous réussissons peut-être moins bien que les Anciens dans ce genre excellent pour les plafonds. On ne voit point cependant dans ces figures qu'ils connussent le raccourci. D'autres figures dansent sur la corde. On croit que cet Art étoit connu dès l'an 1345 avant Jésus-Christ. Mercurial nous a donné dans sa Gymnastique, cinq figures de danseurs de corde, gravées d'après des pierres antiques : les Romains les nommoient *Funambuli*; & Térence en fait mention dans le Prologue de son Hécyre : le Peuple ayant quitté les premieres représentations de cette piece pour assister à des danses de corde, il dit :

> Ità populus studio stupidus in funambulo
> Animum occupârat.

Voyez la Dissertation de M. Grodeck, Allemand, imprimée à Dantzick, *Gedani*, 1702 *in-8°*, & Spon, *Recherches d'Antiquités*, où il explique une médaille frappée en l'honneur de l'Empereur Caracalla.

Sans oser décider sur le mérite de ces peintures, il m'a paru que celles qui représentent des fruits, des animaux, & des oiseaux sont au nombre des meilleures. Parmi celles-la, on voit plusieurs especes de poissons. On remarque parmi les quadrupedes des Tigres, des Daims, des Cerfs, &c. dans les amphibies, l'Hippopotame, page 263 du Volume I. d'Herculanum, & le Crocodile, pag. 253. Dans les oiseaux, l'Ibis des Egyptiens; & des Paons. Le Tome I. des Antiquités d'Herculanum, offre encore page 191 deux Génies, qui prennent du poisson à la ligne; ainsi l'hameçon étoit d'usage : ce moyen de pêcher étoit connu antérieurement encore, puisque le Prophéte Isaïe & le Livre de Job parlent d'hameçons.

Les proportions des figures dans la plupart des Tableaux d'Herculanum semblent réguliéres. Mais elles sont d'une composition froide; d'ailleurs il leur manque deux perfections que nous avons ajoutées à cet Art: la diminution des objets à mesure qu'ils s'éloignent de notre vue, & la dégradation dans les teintes. Cependant Vitruve nous a donné des regles de perspective, mais il est certain que les morceaux tirés d'Herculanum, prouvent du moins que ceux qui les ont faits, connoissoient peu les principes de cet Art.

Les colonnes depuis leurs chapiteaux jusqu'à leurs socles, augmentent de grosseur insensiblement, mais en suivant une ligne droite, & ne sont point renflées comme celles de nos jours. Un Architecte habile auroit pu sans doute, ajouter à ce que je dis ici, des remarques intéressantes, & qui auroient donné une juste idée de l'Architecture de ce temps. Voyez le Tom. I. des Antiquités d'Herculanum. p. 213 & 221.

Il faut avouer que les Anciens excelloient par les beautés de leurs draperies dans la peinture & dans la sculpture, & que la peinture avoit acquis de grandes perfections dans ces temps fort reculés. On sait que les Tableaux admirés à

Rome, étoient l'ouvrage des Grecs, peuple qui avoit le plus grand goût pour les Lettres & les Arts. Les Romains firent des efforts pour les imiter ; mais ils font restés bien loin derriere eux. La peinture ensuite tomba dans l'oubli pendant plusieurs siécles. On doit à l'Ecole d'Italie, non-seulement de l'en avoir tirée, mais encore de l'avoir élevée à un sublime dégré de perfection.

Il faut remarquer encore que les anciens peintres qui ont travaillé pour Herculanum, avoient moins de secours que nous, puisqu'ils ne connoissoient pas la peinture à l'huile, * qui procure beaucoup de douceur dans les teintes ; & que beaucoup des Tableaux qu'on a trouvées dans ces villes souterreines, sont en Camayeux. Ces peintres n'em-

---

* On croit que la peinture à l'huile a été apportée en Italie, vers 1400, par Antonello da Messina, Disciple de Jean de Bruges qui en étoit l'Inventeur.

ployoient le plus souvent que le rouge qu'ils affoiblissoient pour former les contours : le fond sur lequel ils peignoient, étoit blanc. Les Grecs appelloient ces sortes de Tableaux, *Monochromata*.

Les Anciens peignoient quelquefois sur Marbre ; mais le plus souvent sur Stuc, ou sur une espece d'enduit. On conserve au Museum un petit nombre de Tableaux sur Marbre. Pline dit, (Lib. 35, Cap. I, pag. 678, lin. 13). *Lapidem pingere*, mais on a cru qu'il désignoit par-là imiter le marbre.

Nous avons dit que presque tous ces Tableaux avoient été enlevés des murailles de ces villes souterreines qu'ils ont dû orner, & qu'ils étoient en détrempe. On les a mis dans des cadres, & plusieurs sont sous verre. Comme on craignoit qu'ils ne se gâtassent, il s'est présenté une personne qui a offert d'y mettre un vernis. En acceptant ce moyen, on a gâté les peintures ; on
les

les a dénaturées, & on a ôté la facilité de reconnoître le manuel des opérations de ces anciens Artistes. D'ailleurs le vernis, sujet à s'écailler, emporte avec lui la peinture.

―――――――

ARTICLE III.

SUR LES MANUSCRITS.

NOUS AVONS promis qu'en parlant des peintures tirées d'Herculanum, nous citerions celles qui pourroient jetter quelques lumieres sur l'écriture des Anciens, & sur les Manuscrits qui leur servoient à perpétuer leurs connoissances. Ils étoient encore loin de profiter comme nous du secours de l'Imprimerie, dont l'invention étoit réservée à des siécles postérieurs. Son origine peut être fixée à l'année 1440, & les éditions de 1460 étoient déja très-belles.

I

Un de ces Tableaux offre un Manuscrit roulé sur deux cylindres; sur l'un des rouleaux, (*Fig. 9, Pl. II.*) on voit tracé en petits caracteres Romains les lettres *q, u, r, s*.

On a représenté sur un autre une femme écrivant avec un stylet sur des Tablettes enduites de cire.

Ailleurs, est une Muse qui tient deux rouleaux avec des étiquettes. Sur le papier on lit, ΚΛΕΙΩ ΙΣΤΟΡΙΑΝ, c'est-à-dire, *Clio a inventé l'Histoire*, ou *préside à cette Science*. L'étiquette sert ordinairement à indiquer le nom de l'Auteur. Souvent ces Manuscrits en portoient une seconde, qui apprenoit en peu de mots la question ou la matiére qui étoit traitée sur la feuille. J'ai lu une étymologie du mot *Etiquette* qui paroît assez vrai-semblable : Ce mot est, y dit-on, tiré des premieres lettres que portoient les étiquettes E, H, Q; qui signifioient : *Est hic quæstio* ; & suivoit en peu de mots l'idée de la question; d'où l'on a formé *étiquette*. Les Manuscrits portoient leurs étiquettes, comme on en met aujourd'hui sur les sacs d'argent, pour annoncer la somme qu'ils contiennent. Pl. II. Fig. 9.

Un de ces Tableaux représente une boîte avec son couvercle, laquelle contient des Manuscrits avec chacun leur étiquette. On appelloit cette sorte de boîte *loculamentum*, parce que souvent elle étoit divisée par compartiments, *Fig.* 1, & 6. Près de cette boîte, *Fig.* 1, le Tableau représente, *Fig.* 2, un sac que l'on emplissoit peut-être aussi de Manuscrits.

Sur ce même Tableau on voit (*Fig.* 3, 5, 8,) des tablettes pour écrire. On destinoit entre deux feuillets de bois ou d'ivoire, d'autres feuilles à être enduites de cire. J'ai cru reconnoître au-dessous des pains de cire.

Les Anciens écrivoient sur du bois

& de l'ivoire, ou sur des feuilles de cuir & de toile, en traçant des caracteres sur la cire dont ces substances avoient été couvertes; ou bien ils se servoient de papier fait avec le papyrus, & y écrivoient avec une liqueur colorée & un roseau *.

Le Peintre a représenté dans un de ces Tableaux deux encriers joints ensemble, dont un ouvert & l'autre fermé (*Fig. 7.*) & la canne, le jonc ou le roseau qui servoit de plume aux Anciens. Apulée, au commencement de ses Métamorphoses, dit qu'il écrit sur du papier d'Egypte, avec une canne du Nil **. Les Indiens écrivent encore aujourd'hui avec la canne de Bambou. Les Turcs se servent aussi de la

---

* *Chartisque serviunt calami, Ægyptii maximè, cognatione quâdam Papyri.* Plin. Lib. 16. Cap. 35.

** *Modò si papyrum Ægyptiam argutia Nilotici calami inscriptam non spreveris inspicere.*

tige de l'*Arundo*, dont Tournefort a parlé dans les Corollaires de ses Instituts *.

ARTICLE IV.

DES INSTRUMENTS DE MUSIQUE.

JE NE DIRAI que peu de chose sur la Musique & les Instruments de Musique des Anciens : peut-être cependant ces peintures serviroient-elles à nous indiquer quelques instruments qu'avoient eus les Anciens & que nous aurions perdus. Elles offrent principalement beaucoup de Lyres : & l'on sait que c'est l'instrument qui approche le plus de notre Harpe, dont on paroît faire cas maintenant. Je crois la Harpe de nos jours très-perfectionnée : cepen-

---

* *Arundo orientalis tenui-folia, caule pleno, ex quâ Turcæ calamos parant.* Tournefort, Inst. R. H.

dant, peut-être, qu'un Muſicien gagneroit en conſultant la forme de ces eſpéces d'inſtruments des Anciens.

Ces Tableaux repréſentent des inſtruments à plus ou moins de cordes. Dans celui où le Centaure apprend à Achille à toucher de la Lyre à onze cordes, le Centaure la touche avec une pince, qui reſſemble beaucoup au *Plettro* des Italiens. Le mot Latin *Plectrum*, ſignifie l'inſtrument avec lequel on touchoit ou pinçoit un inſtrument à cordes; & quelquefois il déſigne l'inſtrument même. Voyez leurs différentes eſpéces dans *Pignorius*, *Montfaucon*, *Buonarotti*, (Oſſervatione ſopra i Medaglioni); & dans d'autres Antiquaires.

Un autre Tableau repréſente un Cyclope, tenant un inſtrument à cinq cordes & à ſix tuyaux. Nous ne connoiſſons que peu d'inſtruments qui ſoient tout enſemble à cordes & à vent.

Ailleurs, on voit un Faune proche d'une Bacchante ; un inſtrument à ſept tuyaux eſt près de lui. Cet inſtrument eſt regardé comme un *Siſtre*, dans la déſcription de ces Tableaux d'Hercula- lanum : Tom. I, pag. 85. Ne ſeroit-ce pas le *fiſtula* des Anciens :

Diſparibus ſeptem compacta Cicutis.
Virgil. Bucolic.

Le Rhombe des Anciens eſt repré- ſenté ailleurs. On croit qu'il ſervoit aux enchantements.

Il y a un Tableau dans lequel une femme joue des *Cymbala*. Elle les frap- pe l'une ſur l'autre. On a introduit depuis peu dans nos Muſiques un in- ſtrument qui en approche, qui ſe marie avec les autres, & réuſſit ſur-tout dans les Marches & la Muſique de guerre, &c.

On voit dans d'autres Tableaux, 1° une Bacchante ſoutenue en l'air, & qui frappe ſur un Tambour de Baſque.

(pag. 109, Tom. I). Les Anciens l'appelloient *Tympanum*; les Toscans le nomment aujourd'hui *Cembalo*; & le vulgaire, en Italie, *Tamburello*. Cet instrument est commun à Rome & à Naples; les filles en jouent beaucoup.

2° Un Centaure qui montre à un jeune homme à toucher un instrument à quatre cordes, qu'il pince avec les doigts.

3° Des Génies, dont l'un joue de deux Flutes, (*Fig.* 21 & 22, *Pl. II.*) ses doigts ne sont point sur les fiches qui sont à l'extrêmité des Flutes. Voyez les Antiquités d'Herculan. pag. 177, Tom. I. L'usage de ces Flutes étoit particuliérement réservé pour les jeux de théâtre; je n'entrerai pas ici dans des discussions qu'on peut trouver dans d'autres Traités. On disoit qu'une Piéce avoit été jouée *Tibiis imparibus*, ou *Tibiis dextris & sinistris*, *Tibiis paribus dextris*, ou *Tibiis paribus sinistris*.

Voyez le titre de l'Andrienne de Térence; & Varron *de Re Rustica*, Lib. I. Les Romains avoient pris cet instrument des Grecs.

4° Un Amour qui touche du *Trigonon*, appellé en Italien *Triangolo*.

5° Un autre enfant tient des clous, avec lesquels il paroît faire une Musique, ou plutôt, former des sons, car je doute qu'on pût se procurer avec cet instrument les sons qu'on désireroit. (*Fig.* 16 & 17).

6° Un Amour touche d'un instrument à six cordes, que l'on croit être la *Cithara*. On distingue la Cithara ou *Cetera* de la *Lyra*. On prétend que Mercure est l'Inventeur du premier instrument, & Apollon du second. S'il existe une différence entre ces deux instruments, elle est peu essentielle; & ces peintures ne peuvent pas les indiquer.

7° Une Muse: Et au bas du Tableau

ΤΕΡΨΙΧΟΡΗ ΛΥΡΑΝ, *Terpsicore a inventé la Lyre.* Cet instrument a sept cordes. Il paroît que les cordes se tendoient plus ou moins, en tournant une planche qui les portoit, & en lui donnant plus ou moins d'inclinaison.

8° Une autre Muse porte cette inscription : ΕΡΑΤΩ ΨΑΛΤΗΡΙΑ. Le *Psalterion* se nommoit aussi *Magadis*; & les anciens Glossaires le rendent par *Sambuca*, de Σαμβύκη. Quelques Auteurs ont appellé cet instrument *Organon Psallicon*; en Italien, *Salterio*.

9° Un Mercure qui touche d'un instrument à six cordes. On dit que ce Dieu a inventé la *Cithara.* On peut donc d'après les Tableaux d'Herculanum déja gravés, comparer la Lyre des Anciens, la Cithara, le Psalterion, & autres instruments.

On croit que les Anciens avoient des instruments, qui portoient jusqu'à quarante cordes, qui étoient magadifées, c'est-à-dire, que deux de chacune de ces cordes étoient à l'unisson, ou à l'octave; & qu'ainsi les quarante ne faisoient que vingt sons différents, qui étoient la plus grande modulation que les Anciens connussent avant le siécle d'Auguste. Voyez les Mémoires de l'Académie des Inscriptions, Tome IV, page 128.

10° On voit aussi deux autres instruments; l'un fait avec plusieurs anneaux, & l'autre avec des boules de métal. Nous allons en parler dans l'Article où j'ai rassemblé le peu de connoissance que peuvent procurer ces peintures sur les Sacrifices des Anciens. Voyez *Fig.* 10, 14, & 13, *Pl. II.*

ARTICLE V.

SUR LES SACRIFICES DES ANCIENS.

On peut confulter ces Tableaux tirés d'Herculanum pour obferver les différentes formes des Autels en ufage dans ce temps-là pour les Sacrifices. Voyez Paufanias Liv. I ; & Vitruve, Liv. V.

Un de ces Tableaux d'Herculanum repréfente un Sacrifice. Une jeune fille aîlée, (Symbole de la Victoire), jette fur le feu de l'encens ou des parfums contenus dans une coquille. Les hommes employés à ce Sacrifice ont la tête, la poitrine, & les bras découverts. Ils ont auffi les pieds nuds, & plufieurs ont la tête rafée.

On y portoit differents inftruments, entr'autres, des Siftres ; (*Fig. I, Pl. I.*)

différentes espéces de Flutes; (*Fig.* 15, *Pl. II.*) des anneaux qui avoient un mouvement fur un cercle de métal. (*Fig.* 10, *Pl. II.*) On voit encore dans le même Tableau l'inſtrument appellé *Crotalum*. (*Fig.* 13. *Pl. II.*) Il eſt compoſé de pluſieurs boules ſonores réunies par un lien qui les traverſe: ces inſtruments donnoient différents ſons, ſuivant leur groſſeur & leur forme. Les oiſeaux Ibis accompagnoient ces ſacrifices.

Un Miniſtre ſouffle le feu avec un éventail. Encore aujourd'hui aux Indes, & en bien d'autres endroits, on ſe ſert d'un van pour allumer le feu. Le Miniſtre du Sacrifice repréſenté ici, eſt à l'entrée du Temple, & le Peuple dehors. C'eſt pour cette raiſon que la plupart de ces anciens édifices étoient ſi petits, & les Salles de ſpectacles ſi grandes.

Les peintures tirées d'Herculanum

ont certainement de vraies beautés : mais je ne crois pas qu'elles puissent encore nous bien instruire du point de perfection où les Anciens avoient déja porté cet Art.

Qui pourroit assurer que dans quelques autres Villes contemporaines d'Herculanum, de vrais curieux & connoisseurs n'eussent pas de meilleurs morceaux que ceux qui ont jusqu'ici été trouvés à Herculanum? Les peintures tirées de cette Ville proviennent la plupart des salles de Spectacles, ou d'autres endroits publics : & est-il vraisemblable, que l'on eût mis dans ces endroits les peintures des plus Grands-Maîtres, où elles auroient été exposées souvent à être gâtées par l'humidité, &c? Enfin, ne peut-on pas présumer qu'à Herculanum, (ainsi qu'on l'observe dans les grandes Villes), certains riches auroient désiré d'avoir des Tableaux, sans être doués d'assez de connoissances pour employer les plus habiles Artistes ? Et n'y a-t-il pas des temps où le mauvais goût l'emporte & devient de mode, jusqu'à ce que le siécle soit assez heureux, pour que quelque homme de génie en fasse voir le ridicule ? Pour pouvoir donc porter un jugement assuré, il faudroit avoir devant les yeux ces morceaux des Grands-Maîtres vantés par Ciceron & Pline.

Il est certain que les peintures & les autres morceaux tirés d'Herculanum pourroient jetter un grand jour sur l'Histoire & l'état des Arts dans ces temps si éloignés de nous. J'ai fait des Notes sur ce qui m'a frappé; mais avec plus de temps, j'aurois pu les augmenter beaucoup, & les rendre plus utiles. Je désire en avoir assez dit pour engager les Voyageurs curieux, à continuer ce que j'ai commencé.

On a trouvé exécuté en corniches à Herculanum, & dans les Mosaïques qui y servoient de parquets, ainsi que dans les peintures de cette Ville, des desseins propres à décorer différentes parties d'Architecture, & qui depuis ont pris vogue en France, & se sont multipliés prodigieusement sous le nom de *Desseins à la Grecque*. On a commencé par copier ceux d'Herculanum * ; mais on a ensuite ajouté beaucoup à ceux-là, en diminuant du mérite des Anciens.

Il est certain que les desseins tirés de cette Ville, ont fait un bien à notre siécle, qui depuis du temps adoptoit insensiblement le *papillotage* : on ne plaçoit un écusson d'Armoiries que de côté & penché : une partie de cet écusson auroit eu une courbe composée ridiculement ; pendant que l'autre partie étoit différente & plus singuliére. On est

---

* On a aussi beaucoup profité des savants desseins, pris sur les ruines de l'ancienne Gréce, publiés par M. le Roi.

revenu

revenu de ce mauvais goût : on consulte les effets de la nature ; & on reprend la belle & noble simplicité qui s'opposera toujours à ces contours forcés. S'il arrive que l'on s'éloigne des loix du dessein ; des découvertes telles que celles-ci, ou les conseils des grands Maîtres, nous rameneront au simple & au noble.

ARTICLE VI.
SUR LA SCULPTURE DES ANCIENS.

LES ANCIENS SCULPTEURS paroissent avoir été plus corrects que nous dans le dessein & dans les proportions des figures ; mais ils entendoient moins bien l'ensemble d'un grouppe.

Ils réussissoient singuliérement dans les draperies, & s'étudioient d'après des étoffes mouillées. On voit encore plusieurs de ces figures anciennes, dans lesquelles on distingue la forme du corps ; ou, pour me servir des termes d'art, on y sent ce qu'on appelle le *nu* de *la figure*, à travers les étoffes qui la couvrent.

Nous avons parlé des Bustes qui sont rassemblés principalement dans la sixiéme Salle du Museum. Nous nous bornerons donc ici à ajouter aux morceaux de Sculpture, dont nous avons parlé, quelques bustes & statues qui méritent d'être cités.

Tels sont Néron sous la figure de Jupiter Tonnant ; Jupiter Ammon ; Junon ; Pallas ; Cérès ; un Janus à deux faces ; Germanicus ; Claude ; Vespasien ; une Atalante ; plusieurs femmes inconnues ; & plusieurs bustes que l'on ne peut encore rapporter à aucuns personnages connus dans l'Histoire ; deux statues sur des chaises curules ; une statue de Vitellius ; & des Dieux Pénates.

En entrant dans la Cour du Museum, on voit sur un piédestal de marbre moderne un cheval en bronze; il n'est pas aussi grand que nature, mais il m'a paru beau. Il y en avoit quatre, attelés de front à un char; les trois autres, & le char étoient en si mauvais état, qu'on a été obligé de les fondre; nous en avons parlé. (Art. I. troisiéme Salle, pages 52, & 53) Ce char a été trouvé au Théatre d'Herculanum. On en a brisé les morceaux avant que d'être bien sûr si on n'auroit pas pu en tirer parti.

Il y a dans cette même Cour des statues d'Empereurs, &c. remarquables par la beauté de leurs draperies; beaucoup d'urnes & de vases destinés à mettre des cendres; des inscriptions anciennes; une colonne milliaire; & divers morceaux de sculpture, rompus ou mutilés. En montant l'escalier, on voit encore plusieurs bustes & statues.

On a placé sous les vestibules de deux corps de logis des principales façades du Château Royal de Portici deux belles statues équestres trouvées à Herculanum, dont l'une représente Marcus-Nonius-Balbus, ainsi que l'indique une inscription que l'on a trouvée proche de cette statue. Une autre inscription découverte près la seconde figure equestre, fait croire que c'est le pere de Nonius. Cette seconde figure étoit mutilée, on en a refait la tête qui ne s'est pas trouvée.

Ces deux figures ont confirmé que c'étoit de la ville d'Herculanum ensevelie sous les cendres, que l'on tiroit ces beaux morceaux. Elles sont belles, & de grandeur à pouvoir être mises dans une place publique, dont elles feroient l'ornement.

Marcus-Nonius-Balbus est en habit militaire, donnant des ordres; la figure est noble, son cheval est bien traité & d'un travail correct. Ce morceau seul donneroit une grande idée de la sculpture de ce temps-là.

FABRIQUE

DES MOSAÏQUES.

FABRIQUE DES MOSAÏQUES.

Les ouvrages de Mosaïques proprement dits, sont faits avec des morceaux d'émaux ou de pierres colorées, susceptibles de prendre le poli ; qu'on pose à côté les uns des autres avec art, pour en former des compartiments & des desseins agréables. Ainsi les ouvrages de Marqueterie approchent des Mosaïques, & n'ont de différence qu'en ce que les pieces de rapport sont de bois ou de métal; au lieu que les vraies Mosaïques sont faites de pierres ou de verres colorés.

Je ne parlerai dans cette Dissertation que des vraies Mosaïques, & nulle ment des ouvrages de Marqueterie, non plus que de ceux de Stuc * qui les imitent; encore moins de certains ornements de sculpture ou de broderie, qu'on appelle *Mosaïques* parce qu'ils représentent des desseins qui ont quelque rapport avec les vraies Mosaïques.

L'Art de travailler les Mosaïques est

---

* Les marbres étant rares à Bologne, on s'y est appliqué à faire de très-beaux Tableaux en *Stuc*. On connoît dans ce genre le pavé de la Cathédrale de Sienne, qui a été commencé en 1424, par Macarino Ducio, & terminé par Bucafumi en 1546. Les sujets ne sont représentés que par de simples traits, conduits avec hardiesse & liberté.

On doit mettre encore dans la classe des Stucs, le *Composto*; sorte de Parquet fort commun à Venise, & dont on admire la beauté sur les planchers de la ville Albane aux environs de Rome. Cette espece de Stuc est fait avec de la chaux, du marbre pilé & tamisé, & de la colle. On bat ce mortier à mesure qu'il se sèche, & on le polit. Nous commençons à adopter les ouvrages en Stuc, on en voit aujourd'hui au Château de S. Hubert, à Paris aux Capucines de la Place de Vendôme, à S. Merri, au Palais Royal, à S. Sulpice, & en plusieurs autres endroits.

fort ancien; & il paroît que les Romains qui en faifoient un grand cas, l'avoient tiré de Gréce.

Je ne connois d'imprimé fur l'Hiftoire ou la Fabrique des Mofaïques; qu'un Mémoire de M. de la Hire qui fe trouve dans fon Traité de la Pratique de la Peinture, (Tome IX. des Mémoires de l'Académie Royale des Sciences, depuis 1666 jufqu'à 1699.); une Lettre inférée dans le Journal de l'Agriculture, du Commerce & des Finances du mois d'Août 1768; un Effai fur la Peinture en Mofaïque, par M.***, Paris, Vente, 1768, *in-8°*; des defcriptions abrégées de ce travail, que l'on peut voir dans quantité de Voyageurs d'Italie; un traité latin intitulé : *Vetera monimenta in quibus præcipuè mufiva opera, facrarum profanarumque ædium ftructura, differtationibus, Iconibusque obfervantur, Joannis Ciampini* ; Romæ, *una pars* 1690, *altera pars* 1699; & un Ouvrage fort étendu de Monfeigneur

Furietti, * imprimé à Rome, *in-4°*, en 1752, sous le titre *De Musivis*, &c.

Ce Prélat ayant heureusement découvert de belles Mosaïques anciennes, en faisant fouiller aux environs d'une maison de campagne qu'il avoit à Tivoli, parmi les ruines de la ville Adrienne; étant de plus à portée d'examiner les morceaux de Mosaïques que l'on conserve en Italie, & particuliérement à Rome & à Naples; Ce Prélat, dis-je, sembloit pouvoir mieux que personne reconnoître les moyens qu'employoient les Anciens dans le travail de leur Mosaïque, & nous instruire de certains procédés que nous ignorons, parce que les premiers inventeurs ont négligé de nous les transmettre : mais cet Auteur ne se l'est pas proposé pour objet, & il s'est borné à nous tracer les progrès successifs de cet Art, depuis son

---

* Il avoit été nommé Cardinal le 24 Septembre 1759; & est mort depuis quelques années.

invention jusqu'au temps où nous avons commencé à faire des Mosaïques. *

Je ne puis me dispenser de rapporter aussi ce qui a été dit des Mosaïques anciennes, pour faire appercevoir les perfections que cet Art a acquises, & mettre en état de comparer les ouvrages de Mosaïques que faisoient les An-

---

* L'ouvrage de M. Furietti imprimé en Italie, étant rare ici, j'ai cru devoir donner le titre des six Chapitres qui le composent, pour faire connoître son utilité. Le premier indique les noms qu'on a donnés aux Mosaïques, & leurs différents genres. Le second traite de l'origine des Mosaïques, & de l'usage qu'en ont fait les Perses, les Assyriens, les Egyptiens & les Grecs. Il rapporte dans le troisiéme Chapitre, les Mosaïques dont les Romains ornoient leurs édifices, pendant le temps de la République. Le Chapitre quatriéme fait une énumération des Mosaïques de Rome, depuis les deux premiers siécles de l'Empire Romain. Le Chapitre cinquiéme fait connoître les Mosaïques des édifices sacrés, depuis le siécle de Constantin le Grand, jusqu'au dixiéme siécle. Enfin, M. Furietti décrit dans le sixiéme, les Mosaïques du dixiéme siécle jusqu'à nos jours ; & y nomme les ouvriers modernes qui se sont distingués dans la fabrique des Mosaïques.

ciens, avec ceux qu'on exécute aujourd'hui. Néanmoins, comme j'emprunte beaucoup de ce que l'on peut trouver dans l'ouvrage de M. Furietti, j'abrégerai cette partie historique le plus qu'il me sera possible, pour en venir au travail des Mosaïques qui fera ici mon principal objet.

Les Auteurs Latins ont donné différents noms aux Mosaïques. Les uns les ont appellés *Lithostrotum* de Λίθ⊙ Pierre, & Σξωτὸς, Lieu Pavé, que les Latins désignoient par le mot de *Stratum*. D'autres les ont nommé *Musivum*, *Mosibum*, *Museum*, *Museacum*, *Mosiacum* ou *Musiacum*; ou enfin, & plus communément *Pavimentum Vermiculatum*, ou *Reticulatum*. Il y en a qui croient que ces différentes dénominations distinguoient chaque espece de Mosaïque ancienne, & qu'elles n'étoient pas données indifféremment à toutes les Mosaïques. Sans entrer dans des détails qui nous conduiroient trop loin, nous dirons seulement que les Anciens entendoient par ces différentes dénominations, des Pavés faits avec des morceaux de briques, ou de pierres colorées, retenues par quelque espece de ciment, & qui formoient des compartiments.

Grapaldus en parle ainsi : *Lithostrata è parvulis crustis marmoreis, quasi pavimenta lapidibus strata.*

Varron (de re rusticâ Lib. III. cap. I.) avoit dit : *Cum enim villam haberes opere tectorio & intestino, ac pavimentis nobilibus Lithostrotis spectandam, parùm putares esse, ni tuis quoque literis exornati parietes essent.*

Suivant Pline, les Mosaïques ont remplacé l'usage où l'on étoit de peindre les planchers, à l'imitation des Grecs, (Lib. 36, Cap. 25.) *Pavimenta originem apud Græcos habent, elaborata arte picturæ ratione, donec Lithostrota expulêre eam.*

Vitruve prétend que les briques & les carreaux de différentes couleurs, arrangés par compartiments, dont on pavoit les Appartements, les Temples & les Basiliques, & dont on a ensuite revêtu les murailles, ont été les commencements fort imparfaits des Mosaïques. *

Suivant le rapport de Pline, on a ajouté des perfections à ces ouvrages, en substituant aux briques des marbres de différentes couleurs, avec lesquels on fit d'abord des compartiments, & ensuite des rinceaux, des feuillages, des fruits, des masques, dont les Anciens décoroient les planchers & les murailles. Ils travaillerent même ainsi des colonnes pour embellir leurs édifices. * *

---

* On voit encore dans quelques anciens édifices des Romains, de ces longues briques à tête quarrée, arrangées en losanges, comme dans la Figure I. Pl. III. C'étoit l'*opus reticulatum* des Latins.

** On a découvert dans les fouilles d'Herculanum des colonnes en Mosaïque. On se proposoit en 1763, d'en copier le dessein,

Cet Auteur (Liv. 36. Chap. 25.) cite une Mosaïque faite sous Sylla, & qui fut placée dans le Temple de la Fortune à Præneste, aujourd'hui *Palestrine*. On sait que ce Temple étoit renommé par les richesses & les beautés sans nombre qu'il renfermoit. *

Quelques Auteurs pensent que cette Mosaïque qui est conservée aujourd'hui dans le Palais Barberin, est celle qui fut faite sous Sylla ; & pour lors elle seroit antérieure au siécle d'Auguste. Voyez l'ouvrage de Marie Suarès, Evêque de Vaison, Liv. I, pag. 48. Cependant M. l'Abbé Barthelemi (30ᵉ *Volume des Mémoires de l'Académie des Belles-Lettres année* 1764.) doute que

---

& de faire servir ces colonnes nouvellement faites d'après les anciennes, pour orner à Caserte le superbe Palais du Roi de Naples.

** Ces richesses ont donné lieu aux plaisanteries de Cicéron, Lib. II. de Divin. (*Lithomachus scribit dicere solitum nusquam se fortunatiorem quam Præneste vidisse fortunam.*)

cette Mosaïque soit le magnifique pavé construit par les ordres de Sylla, dont Pline a parlé; mais cette discussion étant étrangere à mon objet, je ne la suivrai pas davantage. La Mosaïque du Palais Barberin est gravée dans le *Recueil des Peintures antiques, imitées fidélement, de Messieurs le Comte de Caylus & Mariette, in-fol.*

On conserve dans la belle Collection d'Antiques du Capitole, un pavé en Mosaïque, découvert à Frescati, qui ornoit, à ce que l'on croit, la Maison de Cicéron à *Tusculum*. Il représente Minerve avec quantité de fleurs & d'ornements.

On estime particuliérement une Mosaïque tirée des ruines de la ville Adrienne, & que j'ai vue à Rome en 1763 dans le Palais de M. Furietti. Ce Prélat a donné une description & une figure de cette belle Mosaïque, dans l'ouvrage que j'ai déja cité.

Cette

Cette Mosaïque représente quatre colombes posées sur un vase ; dont une boit, tandis que les autres s'épluchent. Il semble que Pline ait connu ce morceau, & qu'il l'ait décrit, (Liv. 36, Chap. 25.) La plupart des pierres qui le forment, n'ont pas plus d'une ligne en quarré : elles sont ajustées avec une précision admirable, & on remarque une grande exactitude dans le dessein ; mais les couleurs en sont pâles, parce qu'on n'y a presque introduit que des marbres colorés & peu vifs en couleur.*

On dit que ce morceau fait aujour-

---

* Les Anciens employoient aussi dans leurs Mosaïques au défaut de pierres & de marbres colorés, des pâtes aux quelles ils donnoient différentes couleurs ; mais ils ne connoissoient pas les minéraux propres à procurer des couleurs très-vives : ils ne les obtenoient qu'avec les pierres précieuses, qu'ils employoient dans les Mosaïques ; aussi sont-elles presque toutes pâles en couleur. Ils y faisoient entrer jusqu'à du corail, & quelques autres substances colorées, comme des terres cuites, des fragments de pots, &c.

d'hui partie de la superbe collection d'Antiques du Capitole ; Clément XIII l'ayant acquis des héritiers du Cardinal Furietti. On remarque aussi une belle dégradation dans les teintes, & sur-tout la correction du dessein, dans deux tables de Mosaïque, trouvées à Tivoli dans la ville Adrienne ; une de ces tables représente des Guirlandes de fruits & de fleurs, un chardonneret, & des papillons : les pierres en sont très-petites, & forment des Tableaux finis. Ces deux Mosaïques qui sont au Capitole avoient été données par le Cardinal Furietti, au Pape Benoît XIV ; que l'esprit & les connoissances, joints à de vrais sentiments de Religion, mettoient au-dessus de tout éloge.

C'est à ce Pape que l'on doit une partie des richesses du Capitole, & des autres collections d'antiquités ; il a aussi beaucoup enrichi les Bibliothéques, & les Cabinets d'Histoire naturelle. Il étoit attentif à rassembler ce qui pouvoit augmenter nos connoissances dans la partie des sciences & des arts.

Les collections de Rome renferment encore beaucoup d'autres Mosaïques antiques ; mais nous ne pouvons pas ici citer toutes celles qui méritent le plus d'être connues.

On en voit une au Belvedere du Vatican, laquelle a été trouvée à Rome, & représente des ceps de vigne, des oiseaux, & plusieurs ornements. La sancta Costanza, Eglise de Rome, édifice des anciens Romains, autrefois consacré à Bacchus renferme une Mosaïque, au sujet de laquelle on peut consulter Bossius dans sa Rome souterreine, & Martinelli dans sa Rome sacrée. Voyez aussi Pinaroli *Traité des Ant. de Rome p.* 343.

On a découvert plusieurs belles Mosaïques parmi les ruines de la ville d'Herculanum, ensevelie depuis au moins dix-sept siécles, & qui se trouve aujourd'hui sous Portici, près Naples. Je me bornerai ici à en citer quelques-unes qui ont été tirées de ces fouilles souterreines; une en particulier, découverte en 1763, & qui a été annoncée depuis dans les Gazettes. Cette Mosaïque dont la date paroît maintenant assez certaine, est regardée comme le morceau le plus fini de ceux de ce genre que l'on conserve à Naples. Les pierres qui la composent sont très-petites, & artistement arrangées. Le sujet de cette Mosaïque paroît être une scene de Comédie. On y voit une figure qui danse; une seconde qui joue de deux flutes; une troisiéme, des castagnettes; une quatriéme, du tambour de basque: toutes ces figures sont masquées. * Ce morceau sorti d'une Colo-

* Au haut de ce morceau qui a environ dix-huit pouces de long, sur douze de large, est écrit : Διοσκοίδης Σαμι⊙ ἐποίησε. *Dioscoïdes Samius fecit.*

nie Grecque, annonce l'antiquité des Mosaïques, & fait remonter très-haut l'époque de leur origine. Les autres Tableaux de Mosaïque tirés d'Herculanum, ne méritent guere d'être cités: il faut pourtant en excepter les pavés en Mosaïque tirés de cette ville souterreine & de Pompeii, qui offrent des desseins à compartiments fort agréables. Ces mosaïques qui sont de pierres, ou de marbres différemment colorés, ornent aujourd'hui le Palais du Roi de Naples, à Portici. D'autres ont été employées à décorer les Salles du *Museum*, où sont renfermées les Antiquités précieuses d'Herculanum & de Pompeii.

Les Mosaïques resterent long-temps dans l'oubli; ce ne fut que vers le siécle d'Auguste, qu'ainsi que les autres Arts, celui de travailler en Mosaïque recommença à fleurir. Presque tous les morceaux qu'on a jugé dignes d'être conservés, sont réputés de ce temps.

On y employoit alors des marbres de Paros, de Laconie, d'Egypte, &c; en un mot des marbres violets, de rouges, de jaunes, de verds & de noirs: & l'on conçoit qu'il doit être difficile de reconnoître fur d'auffi petits morceaux, les carrieres d'où ils ont été tirés. Tout le monde fait que les Arts n'acquirent aucune perfection fous Septime Sévere: Ainfi la beauté des Mofaïques anciennes peut fervir à fixer à peu près l'époque de leur fabrique.

Quoique l'on ait fenti les inconvénients des pierres colorées, pour la compofition des Mofaïques, depuis que les Emaux ont été découverts, on ne les a pas abandonné entiérement; & l'on s'eft encore fervi de pierres, lorfque l'on deftinoit de grands Tableaux à être placés dans des endroits fort élevés. L'émail, dans cette circonftance auroit fait un brillant qui eût empêché de juger du fujet. La coupole du dôme de S. Pierre de Rome, est faite avec des pierres colorées, d'environ six, douze, dix-huit & vingt-quatre lignes de dimension, qui ne sont pas polies. Voyez le Livre intitulé: *Templi Vaticani Historia, à Patre Philippo Bonnani,* Romæ 1696 & 1700; où cet Auteur donne les noms de ceux qui ont travaillé aux Mosaïques de cette coupole.

Ste Marie-Majeure de Rome, offre aux Curieux des Mosaïques de pierres colorées & d'émaux. Voyez Ciampini, qui donne l'explication de ces Mosaïques.

Je ne cite celle de la frise de la nef, que parce qu'elle est en pierres colorées; car le travail n'en est pas précieux. Sa fabrique est du temps de Sixte III, qui répara & décora magnifiquement cette Eglise; ce Pape remplit le siege de Rome depuis 432 jusqu'en 440. Voyez *Paulus de Angelis, Descript. Basilicæ sanctæ Mariæ Majoris.*

La France, ainsi que l'Italie, possédoit plusieurs Mosaïques anciennes. On cite particuliérement celle qui fut trouvée à Rheims, dont parle Spon dans ses Recherches d'Antiquités; & plusieurs autres Mosaïques anciennes des plus estimées qu'a fait graver M. Ciampini, célébre Antiquaire. Jean Poldo d'Albenas fait aussi mention dans ses Antiquités de Nismes, de différents morceaux découverts aux environs de cette ville, entr'autres un qui fut porté à Fontainebleau. On voit encore aujourd'hui à Nismes, un carreau de Mosaïque fait en compartiment, placé dans la partie la plus élevée de la ville, à l'endroit où sont établis les réservoirs de la superbe fontaine qui fait la commodité & un des plus beaux ornements de cette ville. Deux inscriptions faites sous Auguste, que l'on a découvertes près de cette Mosaïque, font croire qu'elle pourroit être de ce siécle.

La Société Royale de Londres a fait graver un morceau de Mosaïque trouvé à Vellan : & Bulenger, (*De Pictura*, Lib. I.) parle d'après Pinto d'une Mosaïque découverte en Sardaigne.

Si l'on joint au peu que nous venons de rapporter, divers détails qu'on trouve dans plusieurs Dissertations, & particuliérement dans les volumes des Recueils d'Antiquités de M. le Comte de Caylus & dans l'ouvrage de Spon, (Dissert. Hist. des Antiq. de Lyon,) l'on sera suffisamment convaincu que les Mosaïques ont été très-estimées chez beaucoup de Nations, & que ce goût est fort ancien.

Quoique j'évite de faire une longue énumération des Mosaïques anciennes que les connoisseurs ont cru important de conserver ; l'objet de ce Mémoire étant de reconnoître, autant qu'il sera possible, leur structure & leur composition, je ne puis me dispenser d'entrer dans quelques détails sur un morceau de ce genre, qui a été trouvé en 1725 à Cépoy, près Montargis.* Cette Mosaïque est d'un dessein peu correct. On y reconnoît cependant un canard & un poisson, qu'on imagine désigner l'eau.

Une observation intéressante que m'a offert l'examen de quelques uns de ces ouvrages, est la précaution que les Anciens prenoient pour asseoir solidement les parties qui formoient l'ensemble de leur Mosaïque, lorsqu'ils la destinoient à servir de pavé à un grand & bel édifice. Ils faisoient avant que de construire leur Mosaïque, & au lieu où ils vouloient l'établir, une excavation de trois pieds de profondeur. Ils jettoient dans le fond un mortier de chaux & de sable ou de Pozzolane, quand ils en avoient à leur disposition, de l'épaisseur de deux à trois pouces ; ils arrangeoient ensuite des

_____

* Nouvelles recherches sur la France. Tom. 2. pag. 64.

pierres plates, jufqu'à la hauteur de douze ou quinze pouces, qu'ils lioient dans un mortier de chaux; enfin, ils pofoient fur ces groffes pierres un lit de mortier, de huit pouces, prefque compofé de chaux, dans lequel étoient noyés quelques gros cailloux, ou pierres caffées & anguleufes. Deffus ce mortier, il en plaçoient un autre de ciment lié avec très-peu de chaux, de trois pouces. Deffus celui-ci, ils finiffoient par mettre le maftic de deux pouces d'épaiffeur, dans lequel font retenus les cubes de pierre qui forment la Mofaïque. On voit que ce premier travail n'étoit deftiné qu'à former une bafe folide à la Mofaïque.

Le pavé, ou la Mofaïque de Cepoy, eft compofé de pierres, marbres, cailloux, &c. différemment colorés: prefque tous ces morceaux font, comme le marbre, attaquables par les acides. Ce font de petits cubes, qui n'ont qu'environ trois à cinq lignes fur toutes les faces. On ne voit dans les environs de Montargis aucunes pierres pareilles à celles qu'on a employées pour cette Mofaïque : ce qui n'eft point étonnant, parce que non-feulement des pierres d'un pareil volume peuvent être tranfportées de loin ; mais encore parce qu'on peut trouver dans les veines d'une feule table de marbre, nombre de différentes couleurs, qui féparées, n'anonceront que difficilement la nature du morceau d'où elles auront été tirées.

Le maftic qui retient les petits cubes eft excellent : cependant il ne paroît pas qu'il ait exigé de grands foins pour le compofer. La chaux & la poudre de marbre femblent feules avoir fervi à former celui que les Anciens employoient pour les Mofaïques précieufes ; la chaux & le ciment paffés & tamifés compofoient celui des Mofaïques d'un plus grand échantillon ;

& lorsque nous comparerons celui-ci avec le mastic dont on fait usage dans la fabrique des Mosaïques modernes, nous pourrons en faire connoître les différences.

On conçoit que pour observer dans les Mosaïques anciennes une dégradation réguliere & bien nuancée dans les couleurs, il étoit nécessaire d'employer de fort petites pierres, & que lorsqu'on vouloit avoir des couleurs vives, il falloit souvent les chercher dans les pierres précieuses.

Le peu de force dans les teintes & dans les coloris, est un défaut assez commun aux Mosaïques anciennes, sans qu'on puisse imaginer que le temps ait affoibli les couleurs des pierres qui ont été employées à les former. Nous avons dit qu'on avoit de la peine à trouver la vivacité dans les pierres communes, telles que les marbres, & qu'on l'auroit aisément rencontré dans les pierres précieuses; mais on en tire difficilement les nuances qui servent à dégrader une même teinte, à la rendre plus ou moins vive, & qui ont tant de part au mérite de la peinture.

On a donc été obligé de recourir aux pierres précieuses, telles que lesagates, agates onyx, sardoines, &c: on a cherché à former des especes de Mosaïques, uniquement avec ces pierres précieuses colorées, & l'on a exécuté de très-beaux ouvrages en ce genre à Florence, où ce travail est connu sous le nom de *Lavoro di pietre commesse.**

Cette espece de Mosaïque différe des anciennes, en ce qu'au lieu d'être composée d'une infinité de petites pier-

---

* On cite comme un chef-d'œuvre la superbe Chapelle des Ducs de Florence: ce sera, si on la finit, le monument le plus considérable qui ait encore été fait en pierres de rapport.

res, on cherche des nuances dans les pierres précieuses; on prend dans la même pierre tout ce qui peut rendre la forme & la couleur, par exemple, d'une cerise, d'une partie d'un oiseau; & l'on ajoute une seconde pierre à cette premiere, si une seule ne peut faire le fruit ou l'animal; au lieu que dans les Mosaïques anciennes, on multiplioit les morceaux de pierres colorées, & jamais on ne passoit d'une teinte à une autre sans changer de pierres.

Il seroit difficile de voir en ce genre quelque chose de plus parfait, qu'une table octogone qui est à Florence dans la tribune, & qui fait partie des morceaux admirables déposés dans la galerie de Médicis. Cette table, dont le dessein très-varié représente des oiseaux & des fruits, porte les armes du Grand Duc Ferdinand II, de la Maison de Médicis, mort en 1670.

On trouve dans la Toscane & dans

la Lombardie, une partie des pierres que l'on emploie à cette fabrique. Cependant on en tire aussi de Bohême, du Levant, & d'autres endroits encore plus éloignés. *

On croit que les tables qui ornent aujourd'hui le Palais du Luxembourg, sont sorties de la fabrique de Florence : elles ne sont pas absolument de la beauté de la table octogone de la galerie de Médicis. Il est certain que l'on a aussi travaillé quelque temps aux Gobelins de Paris à ces sortes d'ouvrages, & que l'on voit encore des morceaux de cette fabrique dans les Maisons Royales de Versailles, de Meudon, &c. On y employoit, comme on le fait aujourd'hui à Florence, les agates, les jaspes,

---

* On voit aussi, particuliérement à Rome, dans les riches collections de cette ville, des tables de pierres de rapport. Je dois en citer une qui est au Palais Farnese, composée de pierres fines & de beaux morceaux d'agate, une autre au Palais Barberin, &c.

les

les cornalines, les fardoines, émeraudes, turquoifes, de beaux cailloux colorés, *lapis lazuli*, &c, &c. Il y a auffi dans les cabinets du Jardin du Roi à Paris, une table venue de Conftantinople, & qui eft eftimée.

Ces pierres prennent un beau poli; elles ont des couleurs très-vives; mais, comme nous l'avons dit, elles ne fourniffent que rarement des nuances bien dégradées; c'eft pourquoi on n'entreprend pas de copier ainfi de grands tableaux : on fe borne à former des rinceaux, des branches d'arbres chargées de feuilles & de fruits, & quelques oifeaux. D'ailleurs, ces ouvrages font d'un prix exceffif, non-feulement à caufe de la cherté des pierres qu'on y emploie, mais encore par le temps qu'il faut mettre à les fcier, * les dref-

---

* On les fcie avec des lames de cuivre fort minces, fans dents, & le fecours de l'émeri.

ser & les refendre, suivant les contours des différents desseins qu'on veut imiter, & à les polir. Et comme ces ouvrages sont faits de morceaux de différentes & souvent de grandes dimensions, ils n'ont pas la solidité des nouvelles Mosaïques. Ces raisons ont fait abandonner le travail des pierres de rapport, commencé à Paris ; & l'on en fait même peu à Florence.

On a imaginé de substituer des émaux, aux *marbres* & aux *pierres précieuses*, & aux *pâtes* des Anciens. On s'est mis par-là en état de se procurer des teintes beaucoup plus variées, des dégradations & des nuances plus parfaites. En même temps qu'elles surpassoient les Mosaïques en marbre par la vivacité des couleurs, elles égaloient le beau poli des pierres précieuses ; sans exiger autant de frais dans la main d'œuvre.

L'idée de faire des ouvrages en Mosaïque avec du verre n'est pas nouvelle ; car M. Tournefort dans son *Voyage du Levant*, Tome I, pag. 478. edit. *in-4°*, dit que la galerie de Sainte Sophie à Constantinople, est incrustée d'une Mosaïque faite, la plus grande partie, avec des dés de verre, qui se détachent tous les jours de leur ciment, mais dont la couleur est inaltérable. « Ces dés de verre, dit M. Tourne-
» fort, sont de vrais doublets, car la
» feuille colorée de différentes manie-
» res, est couverte d'une piece de verre
» fort mince, colée par-dessus ; il n'y
» a que l'eau bouillante qui la puisse
» détacher ».

Suivant Paul le Silentiaire, (Hist. Byzant. Port. Cinnam, édit. de Paris, pag. 516.) L'Empereur Justinien orna de Mosaïques l'Eglise de Sainte Sophie à Constantinople ; mais cet Auteur ne parle que des Mosaïques en marbre. *

On voit dans l'Eglise de S. Marc de Venise des Mosaïques, qui ont beaucoup de rapport avec ce que M. Tournefort dit de celles de sainte Sophie. Elles sont faites pareillement avec des morceaux de verre coloré. Il y a aussi de ces verres qui sont dorés. On prétend que pour les faire, on a collé avec de la gomme des feuilles d'or sur un morceau de verre, que l'on a ensuite recouvert d'une lame de verre, & que les ayant laissés pendant un court espace de temps dans un four de verrerie, le tout n'a fait qu'un seul corps.

---

* On doit consulter le Recueil des Antiquités Romaines qu'a publié M. le Comte de Caylus, Tome I, page 293. Tome II, page 357. Tome III, page 193. Tome IV, page 26. & Tome V, page 207. L'on verra dans cet ouvrage l'usage que les Romains faisoient du verre, pour la décoration de leurs édifices.

On assure que l'argent se peut appliquer de la même maniere.

On croit devoir les Mosaïques de l'Eglise de S. Marc à des Grecs venus du Levant, & qui firent en même temps beaucoup de Mosaïques d'assez mauvais goût, que l'on voit encore dans quelques anciennes Eglises de Rome, & dans d'autres endroits de l'Italie. On fixe ce temps à l'année 1093, sous le Doge Dominico Silvio. Voyez la description de ces Mosaïques donnée par Boschini.

Les doublets, ou verres colorés de la plupart des Mosaïques de S. Marc, étoient un acheminement sans doute, à faire des Mosaïques avec des petits morceaux d'émaux; mais les procédés étoient encore fort différents de ceux qu'on suit aujourd'hui à Rome; & il paroît qu'ils n'étoient pas propres à faire d'aussi beaux ouvrages, puisque

M iij

l'on auroit peine à former avec des doublets pareils à ceux dont nous venons de parler, des nuances & des dégradations de couleurs affez régulières pour copier avec la plus grande correction les Tableaux des plus habiles Maîtres. On y eft parvenu en formant les Mofaïques avec une infinité d'émaux colorés ; c'eft ce dont on peut s'affurer en examinant les beaux Tableaux de S. Pierre de Rome. Ces Mofaïques mettent les chef-d'œuvres des plus grands Maîtres, à l'abri de toute altération; & en état de paffer aux fiécles les plus reculés, en confervant tout leur éclat.

La derniére perfection qu'on a donnée aux Mofaïques, a donc été de fubftituer des émaux, aux pierres & aux verres colorés. Nous ne diffimulons pas que l'on ne puiffe foupçonner qu'anciennement on a auffi employé des émaux à faire des Mofaïques, car les émaux font connus depuis long-temps. Dom Mabillon rapporte au huitiéme fiécle la compofition des émaux qu'a publié Muratori, (Antiq. Mediol. Tom. II, p. 366.) & il prétend que cet auteur a tiré ce qu'il en dit d'un ancien manufcrit de la Bibliothéque des Chanoines de Lucques. Mais, outre qu'on n'eftpas certain que les émaux fervissent dans ce temps à faire des Mofaïques, le manufcrit que poffédoient les Chanoines de Luques étoit écrit en fi mauvais Latin, qu'on a bien de la peine à juger du mérite de ces émaux. Quoi qu'il en foit, il eft certain que la connoiffance du verre & des émaux colorés eft fort ancienne, puifque Porfena, Roi des Etrufques, avoit des vafes émaillés de différentes couleurs: & Pline dit (Liv. 36, Chap. 25.) qu'on commençoit à faire des Mofaïques avec le verre, qu'on en garniffoit les voûtes des appartements. * En voilà assez pour prouver qu'il y a long-temps qu'on a employé ces verres colorés en Mosaïques.

On faisoit dans le neuviéme siécle à Constantinople des Mosaïques avec des émaux, puisque Léon d'Asti, (Chronic. Lib. 3°, capitib. 28 & 29) dit que Didier, Abbé du Mont-Cassin, avoit attiré de ce pays des ouvriers pour faire les Mosaïques qui revêtent la voûte du vestibule & le pavé de l'Eglise de ces Religieux. Seroit-ce parce que les ouvriers de Rome étoient moins habiles ou trop chers ? ou ce choix étoit-il fondé sur la préférence qu'on accorde volontiers aux ouvriers étrangers ? Le bâtiment qu'on voit aujourd'hui a été commencé en 1649, & l'ancien pavé en Mosaïque subsiste encore dessous le nouveau.

---

* *Pulsa deindè ex humo pavimenta in cameras transsère è vitro.*

Nous avons déja dit qu'on devoit à la préférence que l'on a donnée aux émaux, fur les pierres, fur les pâtes colorées des Anciens, & même fur les doublets, les vrais moyens de copier avec toute la précifion poffible les tableaux des plus grands Maîtres, en les mettant en état de paffer fans altération à la poftérité. Pour établir leur durée, il fuffit de citer quelques premieres Mofaïques faites en émaux ; le portrait de Nicolas IV, en habits Pontificaux, fait en 1239 ; la Mofaïque connue fous le nom de *la Navicella*, au périftile de l'Eglife de S. Pierre de Rome, travaillée en 1340, par le célébre Giotto de Florence ; la Mofaïque fur un arc de la nef de *S. Paolo fori delle mure*, qui eft très-ancienne ; enfin le Tableau du maître-Autel de l'Eglife de Notre-Dame de Lorette, fait en 1594 ; &c.

Dans l'Eglife de *Sancta Maria Scala*

Cœli, la Tribune de l'Autel a une Mosaïque, où sont représentés plusieurs Saints, & parmi eux le Pape Clément VIII, & le Cardinal Aldobrandin : on l'estime le premier bel ouvrage en Mosaïque, fait par les Modernes. On le doit à François Zucca de Florence.

A l'égard de la perfection où l'on a porté les Mosaïques modernes, je ne finirois pas, si j'entreprenois de faire l'énumération des superbes morceaux qu'on voit en Italie. Je me bornerai à citer ici celles qui ornent aujourd'hui l'Eglise de S. Pierre de Rome, que des voyageurs ou des gens de goût pourroient désirer trouver réunies dans cet ouvrage.

Plusieurs Plafonds des Chapelles ont été faits par Fabio Cristofori, sous Alexandre VII ; cet artiste vivoit encore vers la fin du dernier siécle. Joseph Conti lui a succédé dans ce travail. Le Plafond de la Coupole d'un des bas côtés, est très-bien exécuté en Mosaïque. La Chapelle du S. Sacrement a été ornée de Mosaïques, par Guido Ubaldo Abbatini & par Horace Manetti. La Chapelle Grégorienne offre aussi plusieurs belles Mosaïques. Un Tableau de S. Jérôme fait par le Cavaliere Pietro Paolo Cristofori en 1733; il a formé des Eleves qui ont fait aussi de beaux ouvrages en Mosaïque. On voit à l'Autel de S. Basile une Mosaïque de Ghezzi; à l'Autel appellé la *Navicella*, la barque de S. Pierre: elle a été faite en Mosaïque en 1725, & c'est le premier ouvrage du Cavaliere Pietro Paolo Cristofori.

Jean-Baptiste Calendra a fait celle de S. Michel en 1630, & plusieurs autres sous Urbain VIII; nous parlerons encore de cet Artiste en traitant du mastic qui retient les émaux.

Les quatre Evangélistes sont de Marcello Provenzale, Paolo Rossetti, Francesco Zucchi, & Cesare Torelli. S. Nicolas de Bari, par Fabio Cristofori. Sur la porte sainte, S. Pierre, par le même Cristofori. Ananie & Saphire qui tombent morts en presence de S. Pierre & de S. André, de Pietro Adami en 1726. La Présentation de la Vierge est de 1727. Jésus-Christ baptisé par S. Jean, commencé par Gio-Battista Brughi, & terminé après la mort de celui-ci par le Cavaliere Pietro Paolo Cristofori en 1722. S. Pierre qui baptise dans la prison S. Processus & S. Martinianus, en Mosaïque par Gio-Battista Brughi en 1731. Sainte Pétronille du Guerchin, faite en Mosaïque par Pietro Paolo Cristofori en 1720. Le Martyre de S. Sébastien, du Dominiquin, fait par Pietro Paolo Cristofori. La Communion de S. Jérôme, du Dominiquin, fait en Mosaïque par Pietro Paolo Cristofori en 1736. Le miracle de l'eau qui sort d'un rocher pour baptiſer le Centurion, peint par Joſeph Paſſar, & exécuté en Moſaïque par Gio-Battiſta Brughi. L'Aſſomption de la Vierge de Bianchi, faite en Moſaïque par des Eleves de Criſtofori. Le menſonge d'Ananias peint par Roncalli, & copié en Moſaïque par Pietro Adami.

La Meſſe Grecque de Soubeyras. C'eſt peut-être le ſeul des Peintres célébres qui ait vu ſon Tableau exécuté en Moſaïque, orner l'Egliſe de S. Pierre de Rome. L'original encore plus beau que la copie, eſt à la Chartreuſe de Rome.

Il y a encore à Rome des Moſaïques de Giuſeppe Ottaviani, Liborio Fattori, Muziani, Ceſare Nebbia, Philippo Cocchi, Conti, Clori, Pozzi, Cuſſoni, &c. A S. Jean de Latran on en voit del Turrita, faites ſous le Pontificat de Nicolas IV; il travailloit vers 1280.

En 1763, j'ai vu les ouvriers occupés à copier en Mosaïque la Transfiguration d'après l'original de Raphaël, ce Tableau est placé aujourd'hui dans l'Eglise de S. Pierre de Rome. Comme ce superbe édifice sera incessamment garni de Mosaïques, les ouvriers venant à manquer d'ouvrage, il ne seroit pas difficile à un Souverain d'en attirer de cette Capitale. Je me suis étendu sur les Mosaïques de S. Pierre, parce que j'ai cru que traitant de la Fabrique des Mosaïques, je devois citer les plus beaux ouvrages qui ont été faits en ce genre, & qui n'auront peut-être de long-temps rien qu'on puisse leur comparer.

La ville Borghese possède aussi un chef-d'œuvre en Mosaïque moderne. C'est un petit Tableau fait par Giacomo Provenzale, qui représente deux oiseaux, dont l'un est un Chardonneret sur une branche de chêne.

Je dois aussi faire mention de quelques portraits exécutés en Mosaïques, pour prouver que ce genre de peinture peut être rendu de la sorte. Tels sont entr'autres le portrait de Christine de Suéde, qui est au tombeau de cette Reine dans l'Eglise de S. Pierre, fait par le Cavaliere Pietro Paolo Cristofori ; de Paul V, par Giacomo Provenzale, & dont le visage seul est composé de plus d'un million sept cent mille morceaux, qui chacun sont moins gros qu'un grain de millet : Le portrait du Cardinal *Imperati* dans l'Eglise des Augustins à Rome, & celui du Cardinal d'*Ossat*, Ambassadeur de Henri IV, auprès du Pape Clément VIII, qui fait partie du mausolée élevé à sa mémoire, & a été placé dans l'Eglise de S. Louis de France à Rome, par les soins de M. le Baron de la Houze, dans le temps qu'il exerçoit (en 1764) les fonctions de Ministre de France auprès du S. Siege sous Clément XIII. *

Le Portrait de Benoît XIV, où la Mosaïque imite le pinceau le plus délicat, décore la Salle des Assemblées publiques de l'Institut de Bologne, dont ce Pape a enrichi les cabinets de quantité de morceaux utiles au progrès des Sciences & des Arts.

M. le Duc de la Rochefoucault à rapporté d'Italie en 1766, une tête fort bien traitée en Mosaïque.

Quoique ces ouvrages soient fort

―――――――――――――――――――――――

* M. le Baron de la Houze, maintenant Ministre Plénipotentiaire de France à la Cour de S. A. R. l'Infant d'Espagne, Don Ferdinand, Duc de Parme, a cru devoir donner cette marque de vénération à la mémoire de ce célébre Cardinal son compatriote, qu'on peut regarder à juste titre, comme le Fondateur de notre politique à la Cour de Rome. Quoique le Cardinal d'Ossat soit connu de tout François instruit, on lira avec plaisir sa vie, écrite par Amelot de la Houssaie, à la tête de l'édition que ce Savant nous a donnée des Lettres de ce Cardinal.

chers, puisque l'on m'a assuré que certains Tableaux de S. Pierre ont coûté plus de cent mille livres de notre monnoie; * on en voit en Italie un fort grand nombre & particuliérement à Rome. On peut en trouver l'énumération plus détaillée dans différentes descriptions de cette superbe ville, où l'on rapporte le nom des peintres qui ont composé les originaux, & celui des Artistes en Mosaïque qui les ont copiés. Ainsi je ne m'étendrai pas davantage sur l'Histoire des Mosaïques, voulant principalement rapporter ce que j'ai pu apprendre sur la façon de les travailler.

On sait que l'émail est un verre opaque & coloré, dont les couleurs sont formées par des substances minérales, le plus souvent métalliques, qu'on

---

* Je crois ce prix outré, mais la dépense doit être considérable; des Voyageurs l'ont même portée encore plus haut.

mêle avec le verre, quand il est en fusion; & l'opacité est produite par l'addition de ces matiéres qui ne se vitrifient point parfaitement.

Quand ces matiéres sont bien mêlées & en belle fusion, on puise l'émail dans le pot avec une cuiller pour le verser dans des moules ou creusets qui ont peu de profondeur; & on en retire l'émail en petits pains *c*, *Fig.* 1. *Pl. III.* qui ont à peu près quatre à cinq lignes d'épaisseur. *

---

* On peut consulter sur les émaux la traduction que M. le Baron de Holbach a donnée des ouvrages de Kunckel; la Verrerie de Néri avec les Notes de Meret; les Mémoires de M. d'Antic sur la verrerie; le Traité des couleurs pour la Peinture en émail, de M. de Montami; & plusieurs autres Traités sur les émaux & sur leur composition, d'où dépend en grande partie la perfection des Mosaiques. Voyez aussi l'Essai sur la peinture en Mosaique, page 124 où l'on donne la Notice d'un Traité sur la préparation des couleurs propres à teindre le verre, composé par un Religieux nommé Théophile. Ce Traité est indiqué dans le Journal des Savants de Leipsick, année 1740, page 214.

L'émail ne s'éclate pas comme le verre ; il se casse net ; ce qui fait qu'on réduit assez aisément les pains d'émail en petits parallelipipedes de figures assez irrégulieres ; mais qui sont propres à être retenues par le mastic qu'on emploie pour les assujettir.

Il faut cependant user de quelques précautions pour rompre convenablement les émaux. On se sert pour cela d'un gros marteau *g*, *Fig.* 5. & d'un plus petit *f*, *Fig.* 6. dont les pannes sont tranchantes. On place sur un dé de bois ou de pierre, une enclume figurée en coin, & telle que l'instrument que les Serruriers appellent une Tranche *h*, *Fig.* 3. Le dé *i*, *Fig.* 4. qui porte la tranche, doit être de quelques pouces plus élevé que la table où l'on travaille, pour que l'ouvrier puisse tourner en différents sens, suivant sa commodité, la tranche dont nous venons de parler.

Pour couper les émaux, il posé le pain d'émail *c*, *Fig.* 1. sur la tranche *h*, *Fig.* 3, & il frappe avec la panne de son marteau *g*, *Fig.* 5, faisant en sorte que la partie du marteau qui coupe & celle de la tranche se rapportent exactement; on donne autant qu'il est possible, aux morceaux d'émaux que l'on rompt, la forme de la tige d'un clou *e*, *e*, *Fig.* 16. Quoique l'on prenne beaucoup d'attention, en cassant les émaux, il y a des parties qui se rompent en très-petits fragments, mais qui pour cela ne sont pas perdus: car, pour la régularité du dessein, il faut que l'ouvrier trouve non-seulement la teinte qui convient, mais encore des morceaux de différentes figures, qui puissent s'ajuster aux places où on doit les mettre; & comme dans un même pain d'émail il y a des endroits où la couleur a plus d'intensité qu'à d'autres, les habiles ouvriers savent profiter de ces parties, pour rendre la dégradation des couleurs plus réguliere. Il est avantageux de commencer par casser le pain d'émail *c*, *Fig*. 1, en une portion de cercle *d*, *Fig*. 2, pour qu'en rompant ensuite les parallelipipedes *e*, *e*, *Fig*. 16, la face supérieure de ces morceaux soit elle-même un peu convexe, & déborde celle du Tableau, quand on l'aura assujettie dans le mastic. On voit un de ces morceaux d'émail représenté en *d*, *Fig*. 2, comme on désireroit qu'ils fussent rompus. Au reste, les ouvriers ménagent les émaux le plus qu'il est possible, car ils coûtent beaucoup : l'émail rouge pourpre qui passe pour le plus cher, se vend jusqu'à cinquante à soixante francs la livre.

La plus grande partie des émaux qu'on emploie à Rome pour les Mosaïques, se tirent de Hollande ou de Venise en petits pains de quatre à cinq pouces de diametre, & de cinq, six ou huit lignes au plus d'épaisseur ; nous verrons cependant qu'on en fabrique aussi à Rome.

Comme on ne peut pas en travaillant les Mosaïques avec des émaux, faire des mélanges de couleurs, de même que les peintres en font sur leur palette, il convient d'avoir un assez grand nombre d'émaux, pour former les dégradations les plus délicates ; & cette remarque suffit pour prouver qu'il faut des verreries où l'on s'occupe à faire des émaux de toutes les nuances de couleurs qu'on peut désirer. Ces établissements exigent par conséquent des avances considérables, dont on ne peut être dédommagé que par un grand débit. C'est sans doute ce qui en a empêché d'autres de se former, & ce qui les restreint à la seule ville de Rome, dont la fabrique de Mosaïques n'entre aujourd'hui en concurrence avec aucune autre. Ce sont aussi les premiers frais qu'il faut faire pour la composition des émaux, qui ont été cause que des fabriques d'émaux se sont conservées toujours dans les mêmes endroits depuis des temps considérables. On m'a cependant assuré qu'à Rome un nommé Mathioli travailloit lui-même ses émaux. Nous avons eu aussi en France certains Peintres en émail qui faisoient les leurs pour être plus sûrs de leur composition. Mais comme le prix des pains d'émaux augmente pour lors beaucoup, on s'en tient, comme nous l'avons dit, généralement à ceux que l'on tire de Venise & de Hollande.

On rompt les émaux; & à mesure qu'on les casse, on les met dans des cases, les séparant soigneusement par couleurs & par nuances, qu'on reconnoît au moyen des numéros. Près de l'Attelier où l'on travaille, il y a une Salle destinée à les mettre suivant l'ordre que nous venons d'indiquer. Il faut pouvoir se reconnoître ; car on estime qu'un assortiment complet monte à environ quatre mille sortes.

Lorsque l'on prend des émaux pour faire les Mosaïques, on les met dans des Sebilles de bois, ou dans des tiroirs divisés par compartiments ; &, moyennant l'ordre que l'on conserve dans ces différentes couleurs, l'ouvrier trouve aisément la teinte dont il a besoin dans toutes les couleurs, même celles d'or & d'argent ; car il y a des émaux qui imitent parfaitement le brillant & la couleur de ces métaux polis.

Pour faire les grands Tableaux de Mosaïques, on n'applique point les émaux sur les murailles, mais sur des pierres dures, choisies bien parfaites, sans *fils* ni *gélivures*. Celle que l'on emploie à Rome, y est connue sous le nom de *Piperino*, ou *Piperno*. Quand les Tableaux sont grands, comme le sont ceux qu'on voit à S. Pierre, qui ont jusqu'à seize pieds de hauteur, on choisit des bandes de pierres de huit ou dix pouces d'épaisseur, & de toute la largeur du Tableau qui peut avoir sept à huit pieds. On réduit ces bandes à trois ou quatre pieds de hauteur, de sorte que les Tableaux de S. Pierre sont formés de quatre ou cinq morceaux ajustés les uns au-dessus des autres; & on donne à ces Tables le même contour que doivent avoir les Tableaux; quarrés, cintrés, ou à Angles abbatus *A*, *Fig.* 7.

Les pierres étant bien ajustées les unes proche des autres, comme il faut que les émaux affleurent les bords de la pierre, on creuse le milieu d'environ trois pouces & demi, qui est l'épaisseur que doivent avoir les émaux & le mastic qu'on mettra pour les retenir *D. Fig.* 7.

Comme ces émaux doivent entrer dans un mastic, il y auroit à craindre qu'il ne sortît de la pierre où on l'auroit posé, & qu'il ne s'en détachât en grande masse, si l'on ne prenoit pas une attention que nous allons indiquer pour le faire adhérer encore plus à la pierre. On creuse dans ces pierres des sillons *B*, d'un pouce & demi de profondeur, & on leur donne une inclinaison. Ces sillons forment un angle dont le sommet est au milieu de la pierre; & les deux côtés de cet angle vont aboutir à l'un ou à l'autre bord de la pierre. Les sillons sont parallèles les uns aux autres, & placés de façon que tout l'espace de la pierre est divisé par des raies creusées tant plein que vuide. Comme ces sillons ont très-peu d'inclinaison, ils en sont mieux disposés pour retenir le mastic & les émaux.

On conçoit encore qu'ayant eu soin de faire ces sillons plus larges dans le fond qu'à leur ouverture, le mastic qui les remplira, fera corps avec celui qui retiendra les émaux, & qu'il ne pourra jamais quitter la pierre; ce qui est très-important pour la durée de l'ouvrage.

Quand les pierres sont ainsi assemblées & taillées pour former un grand Tableau, on les lie les unes aux autres par de fortes bandes de fer qui entrent derriere le Tableau & sur son epaisseur, dans des endroits qui ne seront point apparents, comme le feroient des crampons dont la courbure entreroit en des ouvertures faites à l'un & à l'autre morceau des pierres. On ne scelle ces crampons que lorsqu'on veut mettre en place le Tableau de Mosaïque, & qu'il a été poli comme nous l'indiquerons dans un moment.

Nous venons de parler de la disposition des pierres pour recevoir les émaux. Comme ils sont assujettis dans un mastic, nous allons entrer dans des détails sur sa composition.

On prend une pierre tendre qui vient de Tivoli, & qu'on nomme *Travertino*. On la réduit en poudre fine que l'on tamise pour la gâcher avec de la chaux éteinte à l'air. * Si la chaux est en pierre, on la fait fuser plus promptement, en jettant dessus un peu d'eau. On fait un Mortier avec cette chaux éteinte, en y versant de l'huile de lin ; & on pêtrit le tout, en ajoutant la poudre de marbre, ou celle de Tivoli. On réduit cette pâte à un état de mollesse suffisant pour qu'elle tienne dans les mains, & qu'elle se pêtrisse aisément. Quand on veut lui donner de la consistance, on y ajoute encore de la pierre de Tivoli ; veut-on la rendre plus douce, plus molle, on augmente la quantité de

---

* Dans le pays on se sert aussi de poudre de marbre. Ici où l'on n'a point le Travertino, on pourroit lui substituer le marbre réduit en poudre fine, ou ce qu'on appelle le blanc d'Espagne, qui certainement réussiroit bien.

chaux & d'huile. On conçoit que cette derniere substance l'empêche de se durcir promptement. Mais le mêlange prend peu à peu de la consistance, & enfin devient extrêmement dur. Ce mastic des Mosaïques ressemble beaucoup à celui qu'emploient nos vitriers pour retenir les vitres sur les chassis. C'est aussi celui qui est le plus propre pour s'appliquer sur le verre & les émaux. On ne fait à la fois qu'une petite quantité de mastic. S'il avoit acquis de la dureté, il ne seroit plus bon à rien.

En examinant le mastic des anciennes Mosaïques qui est fort dur, on peut s'assurer que les Anciens n'employoient pas le même que celui dont on se sert aujourd'hui. Je prie que l'on compare ce que nous disons ici sur le nouveau mastic, avec ce que nous avons rapporté, (*pag.* 172,) sur celui d'une Mosaïque ancienne.

A l'égard de la grande dureté du

maſtic ancien, il dépend ſans doute de ce que les mortiers bien faits avec de la chaux excellente, durciſſent ſinguliérement en vieilliſſant.

On croit que le maſtic que l'on emploie maintenant, a été imaginé par Jérôme *Mutiano*, Peintre de l'Ecole Venitienne, né en 1528. On dit auſſi qu'un nommé Jean-Baptiſte *Calendra*, découvrit en 1630 un maſtic nouveau. Soit qu'on doive à l'un ou à l'autre le maſtic dont on ſe ſert aujourd'hui, ou que l'on ne connoiſſe pas ſon véritable inventeur, il eſt certainement très-propre à retenir les émaux, & ne paroît avoir aucun inconvénient. Voilà les émaux rangés par aſſortiment, les pierres préparées & le maſtic fait; voyons maintenant travailler l'Artiſte.

On ſait que les ouvriers en Moſaïque ne font que copier des originaux, & qu'ils ne compoſent point. On prétend même qu'ils ne copieroient que très-mal un Tableau en employant l'huile. Après avoir marqué les traits qui donnent la disposition générale du Tableau qu'ils veulent exécuter en Mosaïque, ils placent l'original dans son jour, ils le mettent à côté d'eux, & y posent aussi la pierre sur laquelle ils doivent arranger les émaux. Ainsi l'Artiste place les morceaux de pierre dans une situation verticale, & dans l'ordre où elles seront assujetties lorsqu'on mettra le Tableau en place: il a l'attention que le Tableau original & les pierres soient à une même hauteur, afin qu'étant sur un échafaud, il puisse avoir également à la portée de sa vue, l'original & les parties de la pierre qui y correspondent. Quand le Tableau original est dans un endroit d'où on ne peut pas le déplacer, ou lorsqu'il est sur des dimensions qu'on veut changer; on en fait faire par d'habiles Peintres la copie la plus exacte

& la plus fidele qu'il soit possible. C'est cette copie qui servira de modele à la Mosaïque qu'on se propose d'exécuter.

Les ouvriers commencent par remplir les sillons, & ils garnissent de mastic une partie de la pierre où ils doivent travailler. Ils unissent ce mastic avec une truelle G, *Fig.* 8. & ils en mettent suffisamment pour recevoir les émaux, comme on le voit dans la partie *a* de la pierre C, *Fig.* 7.

Ils impriment sur cette portion de mastic les traits du Tableau qui doivent s'y trouver; & je crois qu'ils transportent ces traits comme le font les Peintres à fresque, c'est-à-dire, qu'ils coupent un morceau du patron qu'ils ont fait sur une gaze ou sur du papier, & qu'ils en calquent les traits sur leur mastic. Il s'agit ensuite de placer les émaux. Nous avons déja dit que les ouvriers avoient près d'eux des tiroirs divisés par cases où étoient des émaux de toutes

tes les couleurs qui doivent entrer dans la portion du Tableau qu'ils veulent travailler. Ce tiroir est la palette sur laquelle l'ouvrier prend les teintes convenables. Il choisit donc les émaux dont les couleurs & la figure peuvent rendre la petite partie du Tableau qu'il travaille : & comme nous avons remarqué qu'il y a dans un même pain d'émail des parties qui sont un peu plus claires que d'autres, il en profite pour imiter d'autant mieux les dégradations qu'il apperçoit dans l'original.

Il faut que les parallelipipedes d'émail e, e, *Fig.* 16, entrent assez dans le mastic pour y être bien retenus ; & de plus, il faut faire en sorte qu'ils se joignent le plus exactement qu'il est possible.

Comme il y a des parties quelque fois assez considérables où la même teinte se continue, il paroîtroit que les ouvriers avanceroient plus leur ouvrage, s'ils y employoient de grands morceaux d'émail; mais ces morceaux ne feroient pas auſſi bien retenus par le maſtic, & ces grandes plaques d'émail dérangeroient l'uniformité du travail: ainſi dans les plus grands champs, la face apparente des émaux n'a que quatre à cinq lignes en quarré; dans les carnations, & dans les parties où il y a beaucoup de détails, les parallelipipedes d'émail ſont beaucoup plus petits.

On ſent aiſément que la beauté des ouvrages en Moſaïque dépend de l'adreſſe, de l'attention & de la juſteſſe du coup d'œil de l'ouvrier qui doit ſaiſir avec ſes émaux, les mêmes teintes que lui préſente le Tableau, ſans qu'on apperçoive des duretés & des ſécherreſſes, qui ſemblent inévitables lorſqu'on emploie des pieces de rapport.

Il eſt vrai que la Moſaïque n'eſt pas favorable pour rendre la délicateſſe des

Tableaux Flamands, non plus que celle des Payſages de l'Albane & du Pouſſin; mais quand il s'agit de copier de grands ſujets d'Hiſtoire, qu'on voit d'une diſtance un peu conſidérable, les habiles ouvriers en Moſaïque mettent en état de reconnoître le goût, le coloris, les nuances, la maniere, & même la délicateſſe des touches des plus grands Maîtres; & ils atteignent à la fineſſe du Portrait.

Comme il faut que la tête du morceau d'émail ſoit placée de maniere que ſes bords terminent un morceau de draperies ou d'ornement, & qu'ils en ſuivent les contours; pour que d'autres émaux commencent d'autres teintes, il faut ſouvent employer de fort petits morceaux d'émail; en ce càs, les ouvriers les prennent avec des pinces de fer, *a, b, c, Fig.* 18. pour les mettre à la place qui leur convient.

Quand les émaux ſont arrangés ſur une petite portion du Tableau, on les enfonce dans le maſtic en frappant deſſus avec une petite batte de bois, *H, Fig.* 9. & alors toutes les têtes des émaux ſont ſur un même plan, à peu de choſe près.

Si l'Artiſte apperçoit quelques défauts dans ſon ouvrage, il enleve des émaux & il en ſubſtitue d'autres; ce qui ſe fait aiſément lorſque le maſtic n'ayant pas eu le temps de ſe durcir, eſt encore frais. Il n'en eſt pas de même ſi on reconnoît des défauts quand le maſtic a pris de la conſiſtance, & ſur-tout quand le Tableau eſt entiérement fini. Il faut alors employer le ciſeau & le marteau pour emporter les émaux. Ceux qu'on enleve ne ſont pas perdus: on les donne à des ouvriers qui les ſéparent les uns des autres & qui les nettoient. Après cette opération, on les met dans la caſe d'où on les a tirés.

Toutes les fois que les ouvriers quittent le travail, ils couvrent leur maſtic avec des linges mouillés, pour empêcher qu'il ne fe defféche. Avec cette attention, l'on peut conferver le maftic douze à quinze jours en état de recevoir les émaux: mais fi le travail a été interrompu plus long-temps, ou qu'on ait négligé de couvrir le maftic, il faut en emporter une partie, & imbiber d'huile ce qui refte. On pofe enfuite du nouveau maftic, & l'on continue l'ouvrage fans craindre qu'il fe faffe aucune défunion à la reprife.

Les émaux étant placés dans toute l'étendue du Tableau ; ce qui, lorfque les morceaux font grands, occupe deux ouvriers pendant une année entiere ; il faut, pour perfectionner l'ouvrage, en *dreffer* la fuperficie & la polir.

On fépare les pierres qu'on avoit réunies pour former l'enfemble du Tableau, & on les porte ainfi garnies d'émaux dans une Salle baffe, où font difpofées de grandes tables de pierre, solidement établies pour les recevoir. C'est sur ces tables que l'on dresse & que l'on *doucit* les émaux avec des espèces de meules d'un grès très-fin, montées sur une piece de bois qui a été beaucoup diminuée de grosseur par les bouts, pour qu'on puisse manier ces pierres avec facilité. *Fig.* 17. On place ordinairement deux de ces pierres proche l'une de l'autre sur le même morceau de bois; & comme il se rencontre des espaces entre ces pierres, qui souvent sont à peu près rondes, on les remplit avec des morceaux du même grès qu'on joint & qu'on assujettit à la piece de bois avec le même ciment qui sert pour les Mosaïques. Cet ajustement de pierres de grès sur la piece de bois se nomme *Bois à polir*. On en a de différentes grandeurs, on se sert des uns & des autres suivant l'étendue des morceaux qu'on se propose de dresser.

On met sur les émaux du grès en

poudre très-fine qu'on tire d'un lieu appellé *Baretta*, à quelques lieues de Rome. Deux hommes, l'un vis-à-vis de l'autre, aux deux côtés de la Table de pierre, promenent le bois à polir sur le grès qu'on a répandu sur les émaux; & quand ils ont dressé un endroit ils passent à un autre, ils avancent d'environ un pied, & reviennent d'environ six pouces sur leurs pas: ensuite ils reportent le bois à polir sur l'étendue d'un autre pied, & ainsi de suite, en répétant toujours la même manœuvre. Ils parcourent ainsi toute la piece à polir, puis reviennent au premier endroit d'où ils sont partis, en continuant toujours les mêmes mouvements doux, & à peu près semblables à celui des ouvriers qui polissent les glaces. Comme le travail de dresser & de doucir les émaux est long & rude, après que les ouvriers ont travaillé un certain temps, ils sont relevés par d'autres. Il faut environ six semaines de travail pour polir un grand Tableau.

Quand le Tableau est ainsi douci au fin, on le polit par une manœuvre pareille, avec de la potée & de l'huile de lin ; puis on nettoie le morceau de Mosaïque le mieux que l'on peut, & on le visite pour remplir exactement tous les joints ; ce qui se fait avec de la poudre d'émaux qu'on choisit d'une couleur convenable, & qu'on pêtrit avec de la cire, que l'ouvrier fait entrer dans les joints au moyen d'un fer chaud qu'il passe dessus. Il finit de polir la Mosaïque, en y mettant encore plus de soin que la premiere fois.

On m'a dit que le dernier poli se donnoit avec le plomb. J'avoue que je ne me suis pas fait assez expliquer le détail de ce dernier poli. Mais comme on sait qu'on donne le plus beau poli à l'acier avec un barreau de plomb chargé de quelques poudres fines, il y a apparence qu'on fait à peu près la même chose pour les Mosaïques.

J'ai déja prévenu que l'on devoit proportionner le dégré de poli des Mosaïques à la distance d'où doit être vu le Tableau : car le luisant des émaux très-polis, empêcheroit de voir d'un peu loin un grand sujet qui y seroit représenté en Mosaïque. Celles qui sont faites avec des pierres colorées, lorsqu'elles sont destinées à orner la Coupole d'un Dôme, ne doivent point être polies. Nous avons cité pour exemple les peintures en Mosaïque du Dôme de S. Pierre de Rome, faites pour être vues d'en bas.

Après avoir donné le dernier poli aux différents morceaux de Mosaïque, on les porte séparément aux endroits où doivent être placés les Tableaux. On monte & on ajuste les pierres, comme on l'avoit fait avant que de poser les émaux; mais cette fois-ci on scelle les crampons qui doivent retenir les pierres les unes avec les autres, & on les attache encore aux murailles avec de forts crampons de fer.

Quand les Tableaux ne font pas d'un très-grand volume, on appuie & on fcelle toutes les pierres qui portent les émaux, fur une table d'ardoife qui fe connoît en Italie fous le nom de *Lavagna* *. Cette efpéce de fchifte, auquel on conferve trois pouces au moins d'épaiffeur, fait corps avec le Tableau, le foutient, & empêche la défunion des différentes pierres qui le compofent.

On s'y prend un peu différemment pour faire les Tableaux en Mofaïque, quand ils n'ont qu'un, deux, ou même trois pieds de hauteur.

On applique alors fur du cuivre ou fur une feuille de fer battu, le maftic

---

* *Lavagna* eft le nom d'un lieu proche Gênes, qui fournit les plus belles tables de cette efpece d'ardoife.

qui sert à retenir les émaux. Mais comme ce mastic pourroit s'éclater s'il n'avoit aucune adhérence avec le métal, on distribue sur la feuille de cuivre ou de fer, taillée de la grandeur & de la forme que l'on veut donner au Tableau, des attaches du même métal, *Fig.* 10. que l'on multiplie en les dispersant à différents endroits de la feuille. Ces attaches très-simples, *F. Fig.* 11. sont des lames, soudées par leur partie moyenne avec la feuille de métal qui fera le fond du Tableau, & dont les deux extrêmités sont relevées. Ce sont ces extrêmités qui, sortant du plan de la feuille, occasionnent par leur inégalité l'adhérence du mastic sur le métal; elles répondent à l'effet que produisent dans les pierres des grands Tableaux les sillons dont nous avons parlé.

On pose ensuite les émaux dans le mastic, ainsi que nous l'avons déja expliqué; en prenant l'attention de les réduire en plus petites parties, suivant que l'on se propose de rendre l'ouvrage plus parfait. On se régle aussi sur la délicatesse du pinceau de l'original qu'on copie.

On vend à Rome environ deux cents écus de France un Tableau de huit ou dix pouces en quarré, représentant une tête, ou quelques fruits, quand il a été fait par une bonne main. Je dois prévenir qu'il y a du choix dans ceux que l'on offre aux Etrangers qui vont à Rome. Des Eleves en composent qui ne mériteroient pas les frais de transport, & ne présenteroient ici qu'une idée fort imparfaite du dégré de beauté qu'on peut donner à ces ouvrages.

Il faut avouer que les Tableaux de Mosaïque sont pésants; & que ce sont de nouvelles difficultés pour le transport, qui ne se rencontrent point pour les Tableaux à l'huile: c'est sans doute cette raison qui empêche des personnes riches de se procurer de grands morceaux finis & d'un travail parfait.

Résumons en peu de mots les avantages qu'offrent les Tableaux en Mosaïque, sur ceux qui sont peints à l'huile sur toile.

1° Il ne faut pas chercher un jour pour bien voir les Tableaux en Mosaïque, tout lieu éclairé est indifférent.

2° Les couleurs ne passent point: elles ne changent pas, comme il est très-commun de le voir arriver aux Tableaux à l'huile; même à ceux qui sont sortis des mains des plus célébres Peintres.

3° Un autre défaut commun aux Tableaux des plus grands Maîtres de l'Ecole d'Italie, & dont ceux de Mosaïque sont exempts, c'est le noir qui se répand sur ces Tableaux, & qui les rend presqu'invisibles aujourd'hui; inconvénient réel, que j'attribue au mauvaises couleurs, & au peu de soin que l'on prend pour couvrir la toile en la difpofant à former le fond du Tableau. Ces couleurs, avec le temps, percent, & fe mêlent avec celles du fujet qu'elles noirciffent; ou bien elles produifent une nouvelle teinte qui change le Tableau, & gâte les ouvrages des plus grands Maîtres, au point de les rendre méconnoiffables.

4° Il n'y a point ici de Toile que les animaux puiffent endommager, ou qui pourriffe par l'humidité affez ordinaire fur-tout dans les grands édifices où les murs font plus épais.

5° Enfin, il n'y a point de danger s'ils font expofés au foleil, de les voir s'écailler, comme le feroient ceux à l'huile.

Nous venons d'expofer les avantages de la Peinture en Mofaïque; mais nous ne diffimulons pas qu'un pareil Tableau ne pourra faire perdre à celui qui eft en huile & que l'on a copié, la qualité d'original, avec quelque perfection qu'il ait été rendu. Il faut même avouer que l'estime plus particuliere que l'on doit au Tableau d'un grand Maître qui aura été copié, sera toujours fondée : car il y a des traits dans le pinceau de ces savants Peintres, que l'on ne peut imiter. D'ailleurs, l'huile est plus moëlleuse que les couleurs des émaux; & les Mosaïques ont un brillant, un vernis de porcelaine, qui n'est jamais aussi flatteur que les teintes mariées & fondues d'un pinceau. Quoique l'on ait pris tout le soin possible pour joindre les émaux & en poser les morceaux très-proche les uns des autres: cependant avec de l'attention, & en y regardant de près, cet endroit de la réunion des émaux devient sensible, & interrompt les traits. Ainsi l'on ne doit pas être surpris qu'un connoisseur en peinture, après avoir admiré les grands Tableaux en Mosaïque qui ornent le superbe

Edifice de S. Pierre à Rome, aille encore avec un vrai plaisir, les comparer à leurs originaux, que Benoît XIV a donnés à la Chartreuse de Rome *. Le Connoisseur, sans rien diminuer de l'éloge que méritent les Mosaïques, respectera les originaux, sachant quelle difficulté on éprouve, lorsqu'on cherche à faire une copie comparable à un original.

Cette description de la fabrique des Mosaïques, toute imparfaite qu'elle est, fera peut-être regretter que la France ne soit pas en possession d'un pareil travail, & porter envie à la ville de Rome qui seule le conserve. Nous avons aux Gobelins la manufacture des Tapisseries de haute-lisse que les étrangers admirent : pourquoi ne

---

* L'Eglise des Chartreux a été construite sur les restes des bains de Dioclétien; on y a copié plusieurs parties de cette ancienne Architecture.

joignons-

joignons-nous pas à ce moyen de représenter les grands sujets de l'Histoire, l'Art des Mosaïques, où nous réussirions en peu de temps aussi parfaitement que le font aujourd'hui les Italiens ? Nous aurions des émaux aussi beaux que ceux que l'on peut composer en Italie. Les Chymistes François ne me démentiront point. Les premieres dépenses, pour se procurer cette suite d'émaux, sont à la vérité considérables ; mais celles-là faites, la main-d'œuvre pour le travail des Tableaux, n'est pas aussi coûteuse qu'on le fait entendre à Rome ; & les ouvrages qui sortiroient de cette nouvelle fabrique, seroient d'une très-longue durée; avantage que n'ont certainement pas nos plus belles tapisseries en laine, qui perdent leur couleur en assez peu de temps, & deviennent la proie des insectes. Les ouvrages en Tapisserie & les Mosaïques, n'iront à la vérité qu'après les originaux qui leur auront servi de modéle ; mais les Mosaïques auront l'avantage sur les Tapisseries, d'être pour ainsi dire éternelles, sans perdre jamais rien de leur premiere beauté.

On doit s'attendre à rencontrer des difficultés quand on voudra former en France une Fabrique de Mosaïques, puisque c'est le sort de tout établissement nouveau : on sait même que souvent de très-foibles inconvénients ont fait échouer les meilleures idées, lorsqu'il ne s'est pas trouvé quelqu'un en état de les prévenir ou d'y remédier. Une Dame Françoise qui a voyagé en Italie, dans la vue d'y satisfaire son goût pour les Arts, & que son esprit & ses talents ont fait admettre de plusieurs célébres Académies, * ayant désiré enrichir la France de l'Art des Mosaïques, a surmonté tous les obstacles & les difficultés qui se sont présentées ; elle est

---

* Mme Le Comte, des Académies de Rome, Florence, Bologne, Parme & Vienne.

parvenue à faire fondre à Paris des émaux, & à les ajuster de façon à pouvoir exécuter elle-même à sa maison de campagne, au Moulin-Joli, près Besons, un parquet de Mosaïque, sans autre secours que son adresse & sa patience. Cet essai égale, au moins pour le dessein, l'exactitude & la solidité les belles Mosaïques anciennes à compartiments qu'on voit à Naples & à Rome.

F I N.

EXTRAIT
DES REGISTRES
DE L'ACADÉMIE ROYALE DES SCIENCES.

Du 18 Juillet 1769.

MESSIEURS BÉZOUT & BRISSON, qui avoient été nommés pour examiner un Ouvrage de M. FOUGEROUX DE BONDAROY, *sur les Ruines d'Herculanum*, &c. en ayant fait leur rapport : l'Académie a jugé cet Ouvrage digne de l'impression ; en foi de quoi j'ai signé le présent Certificat. A Paris le 28 Juillet 1769.

Signé, GRANDJEAN DE FOUCHY,
Secrét. perp. de l'Académie Royale des Sciences.

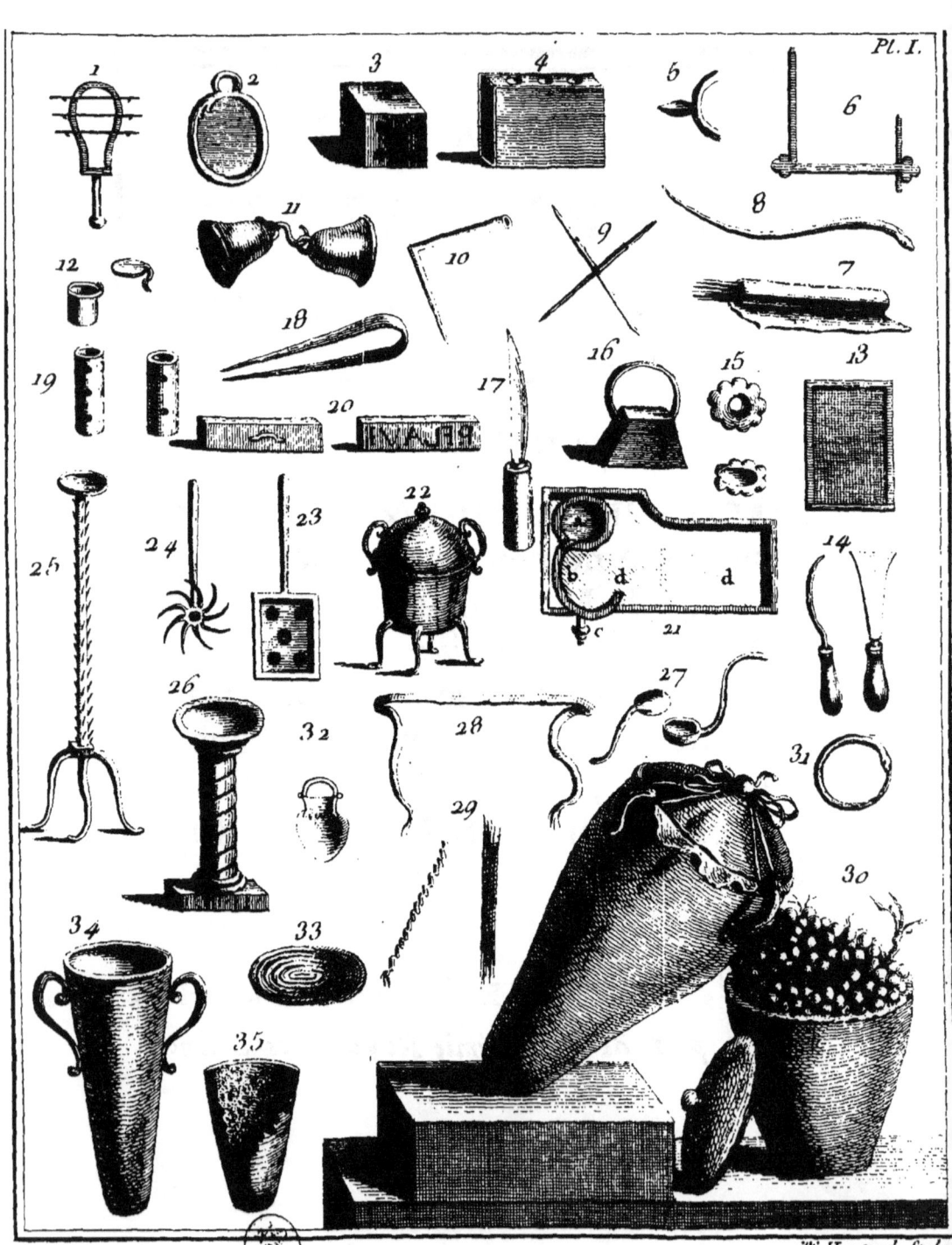

Pl. I.

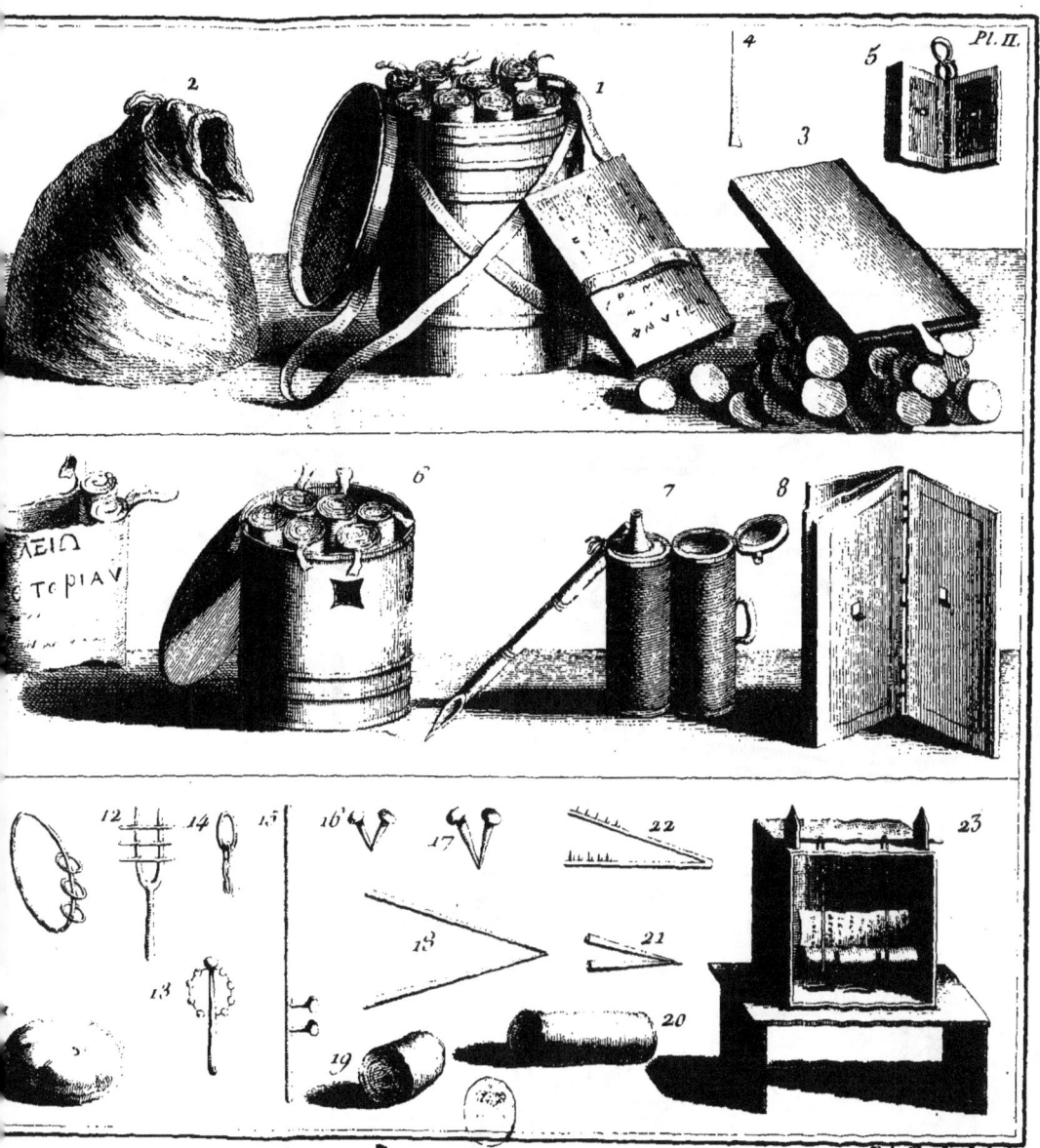

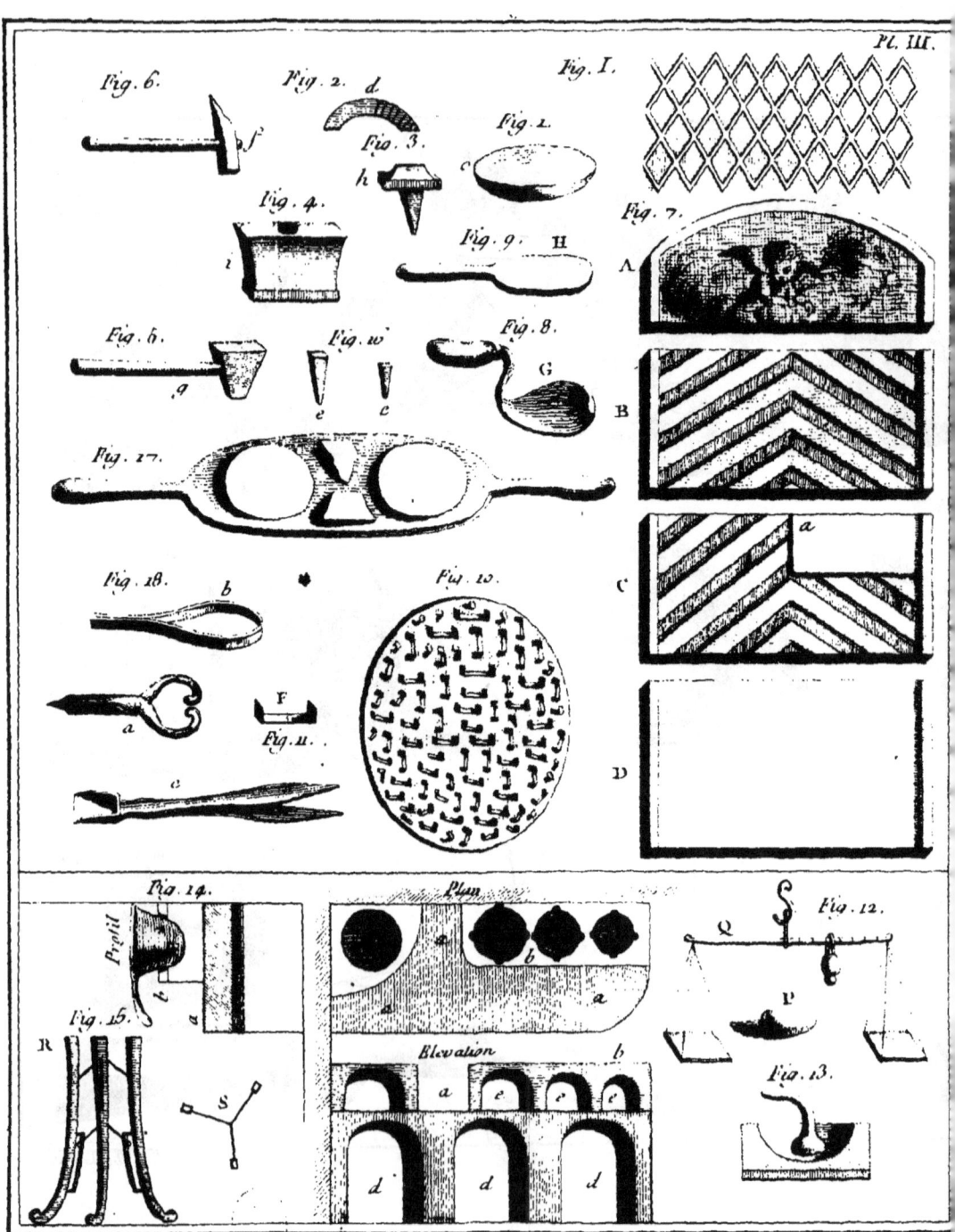

PRIVILÉGE DU ROI.

LOUIS, PAR LA GRACE DE DIEU, ROI DE FRANCE ET DE NAVARRE: A nos Amés & Féaux Conseillers, les Gens tenants nos Cours de Parlement, Maitre des Requêtes ordinaires de notre Hôtel, Grand Conseil, Prevôt de Paris, Baillis, Sénéchaux, leurs Lieutenants Civils, & autres nos Justiciers qu'il appartiendra: SALUT. Nos bien Amés LES MEMBRES DE L'ACADÉMIE ROYALE DES SCIENCES de notre bonne Ville de Paris, Nous ont fait exposer, qu'ils auroient besoin de nos Lettres de Privilége pour l'impression de leurs Ouvrages: A CES CAUSES, voulant favorablement traiter les Exposants, Nous leur avons permis & permettons par ces Présentes de faire imprimer par tel Imprimeur qu'ils voudront choisir, toutes les Recherches ou Observations journalières, ou Relations annuelles de tout ce qui aura été fait dans les Assemblées de ladite Académie Royale des Sciences, les Ouvrages, Mémoires ou Traités de chacun des Particuliers qui la composent, & généralement tout ce que ladite Académie voudra faire paroître, après avoir fait examiner lesdits Ouvrages, & jugé qu'ils sont dignes de l'impression, en tels volumes, forme, marge, caractères, conjointement ou séparément, & autant de fois que bon leur semblera, & de les faire vendre & débiter par tout notre Royaume pendant le temps de *vingt années* confécutives, à compter du jour de la date des Préfentes, fans toutefois qu'à l'occafion des Ouvrages ci-deffus fpécifiés il puiffe en être imprimé d'autres qui ne foient pas de ladite Académie: FAISONS défenfes à toutes perfonnes, de quelques qualité & condition qu'elles foient, d'en introduire d'impreffion étrangere dans aucun lieu de notre obéiffance: comme auffi à tous Libraires & Imprimeurs d'imprimer, ou faire imprimer, vendre ou faire vendre & débiter lefdits Ouvrages, en tout ou en partie, & d'en faire aucunes traductions ou extraits fous quelque prétexte que ce puiffe être, fans la permiffion expreffe & par écrit defdits Expofants, ou de ceux qui auroient droit d'eux, à peine de confifcation des Exemplaires contrefaits, de trois mille livres d'amende contre chacun des contrevenants, dont un tiers à Nous, un tiers à l'Hôtel-Dieu de Paris, & l'autre tiers auxdits Expofants, ou à celui qui aura droit d'eux, & de tous dépens, dommages & intérêts, A LA CHARGE que ces Préfentes feront enregiftrées tout au long fur le Regiftre de la Communauté des Libraires & Imprimeurs de Paris, dans trois mois de la date d'icelles; que l'impreffion defdits ouvrages fera faite dans notre Royaume, & non ailleurs, en beau papier & beaux caracteres, conformément aux Réglemens de la Librairie; qu'avant de les expofer en vente, les manufcrits qui auront fervi de copie à l'impreffion defdits ouvrages, feront remis ès mains de notre très-cher & féal Chevalier le Sieur DAGUESSEAU, Chancelier de France, Commandeur de nos Ordres : & qu'il en fera enfuite remis deux Exemplaires dans notre Bibliothéque publique, un dans celle de notre Château du Louvre, & un dans celle de nodit très-cher & féal Chevalier, le fieur D'AGUESSEAU, Chancelier de France : le tout à peine de nullité des Préfentes; DU CONTENU defquelles vous mandons & enjoignons de faire jouir lefdits Expofants & leurs ayans caufes, pleinement & paifiblement, fans fouffrir qu'il leur foit fait aucun trouble ou empêchement. VOULONS que la copie des préfentes, qui fera imprimée tout au long, au commencement ou à la fin defdits ouvrages, foit tenue pour duement fignifiée, & qu'aux copies collationnées par l'un de nos amés & féaux Confeillers & Secrétaires, foi foit ajoûtée comme à l'original. COMMANDONS au premier notre Huiffier ou Sergent fur ce requis, de faire pour l'exécution d'icelles, tous Actes requis, & néceffaires, fans demander autre permiffion, & nonobftant clameur de Haro, Charte Normande & Lettres à ce contraires; Car tel eft notre plaifir. DONNE à Paris, le *dix-neuviéme* jour du mois de Février l'an de grace *mil fept cent cinquante* & de notre Régne le trente-cinquiéme. Par le Roi en fon Confeil.

Signé, MOL.

Régiftré fur le Regiftre XII de la Chambre Royale & Syndicale des Libraires & Imprimeurs de Paris, N° 430. Fol. 309, conformément au Réglement de 1723, qui fait défenfe art. 4. à toutes personnes de quelque qualité & condition qu'elles soient, autres que les Libraires & Imprimeurs, de vendre, débiter & faire afficher aucuns Livres pour les vendre, soit qu'ils s'en disent les Auteurs ou autrement, à la la charge de fournir à la susdite Chambre, huit Exemplaires de chacun, prescrits par l'Art. 108 du même Réglement. A Paris, le 5 Juin 1750.

Signé, LE GRAS, Syndic.

De l'Imprimerie de LOTTIN l'aîné, 1770.

www.ingramcontent.com/pod-product-compliance
Lightning Source LLC
Chambersburg PA
CBHW070530170426
43200CB00011B/2377